미·중·일 새로운 패권전략

차례
Contents

서론

　강력한 성장 잠재력을 지닌 세계 4대 개발도상국 '브릭스 (BRICs : 브라질·러시아·인도·중국)' 가운데 중국의 행보가 눈에 띄게 빨라지고 있다. 중국은 이미 러시아와 중앙아시아의 여러 나라 및 EU 회원국들과의 관계를 견고히 다지는 한편, 2004년 5월에는 중국을 공식 방문한 룰라 다 실비 브라질 대통령과 미국의 일방주의를 견제하는 동시에 독자적인 세계 질서를 모색하고자 '전략적 동반자 관계' 수립을 발표하였다. 이와 같이 중국은 자국의 경제 부상만큼이나 국제사회에서의 정치·외교적 행보에서도 두각을 나타내며 '나비 외교'를 착실히 진행시키고 있다.

　2004년 5월 일본 중의원은 미국과의 동맹 관계를 강화하기 위한 '미군행동원활화법'과 '미·일 물품역무상호제공협정(ACSA)'을 통과시켰다. 이 두 법안의 핵심은 일본에 주둔하고 있는 미군의 활동을 지원하기 위한 것인데, 이 법안의 통과로 일본은 미군에게 언제든지 탄약·무기·식량을 제공함은 물론이요, 미군이 일본 내에 기지를 건설할 때 토지와 가옥도 제공할 수 있게 되었다. 이렇듯 일본은 21세기 초의 외교 전략으로 20세기 중반에 수립한 '대미 일변도 외교정책'을 한층 강화하고 있다. 이와 같이 중국과 일본은 현재 급속히 변화하는 21세기의 한반도 주변 정세에 발맞추어 새로운 외교 전략 추진에 여념이 없다.

그렇다면 미국은 어떠한가? 미국의 동아시아 전략은 위의 설명으로 어느 정도 유추가 가능해진다. 한국·중국·일본 간의 상호 틈새 벌리기 전략과 더불어 미·일 동맹 강화를 통한 중국 견제가 바로 그 핵심이다. 중국의 한 동아시아 전문가는 이러한 미국을 '무지(無知)의 소년'에 비유하고 있다.

　　미국은 잘 다듬어진 근육맨이지만 사고력은 초등학생 수준과 같다. 즉, 아이의 무모한 행동이 언제 어떤 식으로 불거져 나올지 몰라 항상 긴장감을 늦추지 못하게 한다.

한편 일본이 바라보는 중국은 어떤 모습일까? 일본이 가장 냉대하고 경계하며 두려워하는 상대는 다름 아닌 중국이다. 일본 내 중국인은 외국인 범죄율에서 1위를 차지하는 등 골치

아픈 천덕꾸러기 같은 존재로 비춰지고 있는 데 반해 그들의 출신국 중국은 현재 국제사회에서 패권국으로 부상 중이다. 더욱이 일본은 중국에 대해 과거사의 부담을 지고 있다. 이래 저래 일본은 중국을 견제하기 위해 세계 최강국 미국에 다가 서지 않을 수 없는 것이다.

그렇다면 중국은 일본을 어떤 시각으로 바라볼까? 일본에 대한 중국의 불쾌감은 일본을 '내시들의 국가'라고 부르는 데서 잘 표출된다. 즉, 1인자 미국을 추종하며 그 그늘에서 얄미운 짓을 서슴지 않는 내시들의 국가라는 것이다. 오죽하면 엘리트 집단인 중국인 변호사들조차 "조그만 섬나라, 우리 13억 인구가 일시에 그쪽을 향해 침을 뱉으면 떠내려 갈 것들이!" 하며 흥분했겠는가? 중국의 대일관(對日觀)은 부드러운 미소 뒤에 이를 갈고 있는 철저한 이중 심리로 대변된다.

21세기 초반 한반도의 주변 정세는 그 어느 때보다도 험난한 상황하에서 전환기를 맞고 있다. 그런데도 한국은 아직까지 '중국이냐 미국이냐'를 비롯한 상호 불타협적 정쟁만 난무할 뿐 이렇다 할 대외 전략이 보이질 않는다. 기존의 국제 관계가 급속히 와해되고 대외 정세도 급물살을 타고 있는 데도 말이다.

이 상황에서 우리가 취해야 할 외교 정책은 과연 어떠해야 할까? 필자는 이 책에서 미국, 일본, 중국 등지를 비롯하여 25여 나라를 방문하거나 체류하면서 싹틔워 온 한국의 신외교 전략에 대해 제언하고자 한다.

여기에서 다루고자 하는 테마는 그동안 주로 관련 분야 전문가들만의 영역이다시피 취급되어, 일반인들이 접하기에는 다소 괴리가 있었던 것이 사실이다. 하지만 생각해보라. 이 책의 테마는 전문가 집단에만 국한된 것이 아닌, 한반도에 살아가는 우리 모두 그리고 우리 후손들과도 직접 관련되는 것들이 아닌가. 그러므로 우리의 운명을 더 이상 몇몇 전문가의 판단에만 맡겨 놓을 수는 없는 노릇이다.

이와 같은 맥락에서 필자는 '전문서'적 테마에 누구나 쉽게 다가갈 수 있도록 보다 쉽게 저술하고자 노력했다. 독자들의 다양한 사고와 스스로의 견해 정립에 다소나마 도움이 된다면 더할 나위 없겠다.

가깝지만 신중해야 할 중국

2004년 4월 한국의 한 신문사에서 행한 여론조사에 의하면, 한국인들의 대(對)중국 관계 중시 경향은 정치권보다 더 강한 것으로 드러났다. 응답 가운데 "향후의 대외 정책은 (미국보다) 중국을 더 중시해야 한다"라는 견해가 84%로 가장 많이 나타났다. 응답자들은 경제 관계 외에 외교·안보 측면에서도 동맹국인 미국(38.1%)보다 중국(48.3%)을 더 중시했으며, 미국·중국·일본 등 3국에 대한 국가 호감도 조사에서도 중국이 '좋다'가 28%로 세 나라 중에서 가장 높게 나왔다.

한국 내의 이와 같은 중국 중시 분위기를 반영이라도 하듯 한국 기업의 중국 진출이 2004년 1/4분기에 사상 처음으로 일본을 제쳤다. 중국 상무부의 조사 발표에 의하면, 이 기간 한국의 대중국 투자액(집행 기준)은 13억 7,400만 달러로 홍콩(42억 8,800만 달러)과 영국령 버진아일랜드(17억 5,200만 달러)에 이어 3위로 집계되어 지난해 3위였던 일본(11억 3,700만 달러)을 제쳤다고 한다. 그런데 홍콩은 중국령이고 영국령 버진아일랜드는 세제상의 혜택을 고려한 페이퍼 컴퍼니(Paper Company : 물리적 실체 없이 서류 형태로만 존재해 회사 기능을 수행하는 회사)가 많음을 고려할 때 실제로는 한국이 대(對)중국 세계 최대 투자국으로 부상한 셈이다.

그렇다면 21세기 초 한국 사회에서 초미의 화두로 떠오른 중국의 현재 모습은 과연 어떠한가? 많은 사람들이 예견하듯이 중국은 현재의 장밋빛 전망을 실현시켜 21세기 초일류 국가로 거듭날 수 있을까? 아울러 한국에 어떠한 형태로든 지대한 영향을 끼칠 중국의 외교 전략은 어떤 것일까?

신중국 외교와 나비 전략

오랜 세월 동안 수많은 이민족들과 공생하면서 온갖 대립과 갈등, 전쟁을 겪어 온 중국은 나름대로의 외교술을 터득하게 되었다. 자국을 둘러싼 상하 좌우 모든 세력 간의 역학 관계를 고려하면서 그들과 적절한 외교 관계를 수립해 온 것이다. 하지만 1949년, 신(新)중국의 건국으로 기존의 외교술에 큰 변화가 생긴다.

사회주의 국가로 거듭난 신중국의 외교 전략을 간략히 요약해 보면, 1950~1960년대 마오쩌뚱[毛澤東] 시기의 외교정책, 1970~1980년대 덩샤오핑[鄧小平] 시기의 외교정책, 그리고 장쩌민[江澤民] 이후의 현 외교정책으로 나누어 설명할 수 있다.

마오쩌뚱 시기는 중·소 분쟁과 제3세계론 주장 등의 변화가 있기는 했지만 전반적으로 동서 이데올로기에 의한 첨예한 냉전 구조를 반영한, 서방 자유 진영과의 대립이라는 전형적인 냉전형 외교정책이라고 표현할 수 있다.

마오쩌뚱 사후에 집권한 덩샤오핑은 '흑묘백묘론'(검은 색이든 흰색이든 쥐만 잘 잡으면 훌륭한 고양이다)을 대외 정책에도 적용, 실용주의적 대외 정책을 전개한다. 그러나 마오쩌뚱에 대한 반동이 다소 지나쳤던 탓인지 그의 시기에는 그동안 외면하다시피 한 서방 자유 진영과의 관계 회복에 더욱 적극적인 자세를 보인다.

덩샤오핑 사후에 등장한 장쩌민은 중국을 둘러싼 유라시아 대륙과 아시아·태평양 지역과의 조화를 중시하는 외교정책으로 전환, 현재까지 그 노선을 유지하고 있다. 즉, 중국을 중심으로 이해관계가 얽힌 역사에 등장하는 모든 국가와의 관계를 다져가는 정책으로의 전환이라고 하겠다.

그런데 장쩌민 이후의 이와 같은 중국의 외교를 '나비 외교'라고 규정짓는 중국인 학자도 있다. 나비 외교란 중국이 왼쪽 날개에 해당하는 독일·러시아 등 유라시아 국가들과, 오른쪽 날개에 해당하는 미국·일본 등 대국들 사이에서 어느 쪽으로도 치우치지 않고 균형 있게 관계를 유지해야만 양 날개의 힘이 균등해질 수 있고, 이 양 날개를 축으로 비상할 수 있다는 외교 전략을 의미한다. 이 같은 전략에 의하면 어느 특정 국가나 국가군과는 특별히 가까이 할 수 없게 된다.

중국 발등에 쌓이는 불씨

현재 중국은 16개 국가와 국경을 접하고 있다. 이로 인해로 국경 문제 해결만도 쉽지 않은 중국은 가능한 한 중국과 직접 관련이 없는 국제문제에 대해서는 나서지 않으려는 자세를 취한다. 또한 중국 내의 분리·독립 추세나 불균형한 경제 발전으로 인한 사회문제 등의 불씨는 중국 정부로 하여금 대외 정책에 관한 한 안정된 현상 유지를 희망하게 하고 있다. 그런데 간단히 풀어본 이와 같은 오늘날 중국의 불간섭, 고립주의적 외교자세는 중국의 외교사에 자주 등장한다. 다시 말해 중국은 대륙이 안정되거나 통일되었을 때 비로소 외부 세계로의 진출을 기도했으며, 내부가 불안정할 때는 대륙의 내부 문제 해결만으로도 벅차했던 것이다.

이와 같은 맥락에서 오늘날의 중국외교를 바라볼 때 현재 중국은 공산당 집권하의 사회주의로 통일되어 있긴 하지만 국경 문제와 국내의 제반 문제 등으로 인해 상당 기간은 자신의 '발등에 떨어지고 있는 불'을 해결하는 데 역점을 두려고 할 것이다. 다시 말해 중국은 한동안 자신을 괴롭히거나 지나치게 간섭하는 세력에 대해 마지못해 반응을 보이는 소극적 외교정책도 중요한 선택 사안의 하나로 삼을 것이라 전망된다. 중국의 이와 같은 소극적 태도는 전 세계에서 발생하는 문제에 대해 사사건건 간섭하며 나서는 미국과는 달리, 특별한 사안이 아닌 한 논평도 자제하는 현재 중국의 모습에서도 읽을 수 있다.

현재의 중국은 경제 발전을 통한 국내 문제 해결과, 이를 통한 국가 기반 강화라는 중요한 기로에 놓여 있다. 중국에 있어서 핵심 관건은 경제 발전이며 따라서 이에 방해될 만한 모든 불안정 요인과 변화 요인을 중국이 달가워할 리 없다. 하지만 세상사가 중국 뜻대로만 될 수는 없다. 미국은 미리부터 중국의 부상(浮上)을 견제하여 일본과의 동맹을 강화하는 등 중국의 역린을 전개중이지 않은가. 결국 중국도 이에 맞서 국가 안보 전략을 근본적으로 재고할 수밖에 없었다. 현재 부쩍 가까워지고 있는 중국과 러시아, 중국과 유럽, 중국과 아시아의 관계 강화는 바로 이러한 맥락에서 이해가 가능하다.

한편 중국은 스스로도 미국과 국력이 대등해질 것으로 기대하지는 않는 것 같다. 중국 정부 입장에서는 대국민 홍보용으로 장밋빛 청사진을 제시하겠지만 중국의 지식인들은 미국과 국력이 대등해지는 데는 적잖은 한계가 있다고 토로한다. 그 이유 가운데 하나는 수치 통계상 중국이 미국과 동등한 국력이 되려면 적어도 50년 정도의 시간이 필요하다고들 하는데, 그 기간 동안 과연 중국이 계획대로 안정된 경제 성장만 구가한다는 보장이 가능한가 하는 것이다.

중국 정부의 대내적 한계

구매력환산지수(PPP)를 기준으로 볼 때 중국은 국내총생산 (GDP)이 일본을 제치고 세계 2위로 떠올랐다. 이것만으로도 중국은 전 세계 투자가들에게 '황금의 기회'를 제공하는 곳으로 비쳐지기에 충분하다.

한편 중국은 현재 경제 발전, 즉 중국식 사회주의에 의한 경제 자유화가 잉태한 다양한 골칫거리에 직면해 있다. 저렴하고 상대적으로 질 높은 노동력과 그것으로 창출되는 막대한 구매력으로 세계의 주목을 받고 있지만, 그 이면에는 날로 심각해지는 비효율적 관료 주도제의 폐해, 법치주의 미비, 단일 정당 독재 등에 의한 부패 문제와 지역 불평등 문제 등이 곳곳에서 누적되고 있다. 덩샤오핑 이래 25년 이상 경제 발전을 거듭해 연소득 1만 달러 이상의 중산층이 형성되면서 사회주의라는 하드웨어와 사실상 자본주의 체제와 거의 다를 바 없는 소프트웨어 간의 부조화가 나날이 심각해지고 있는 것이다.

실제로 일본의 노무라 종합연구소의 아시아 관련 일본인 전문가 마타키[又木] 연구원은 "관료제의 불확실성이 곧 중국 경제의 불확실한 미래를 상징한다."고 분석하고 있다. 또한 중국 내의 전문가들조차도 중국의 사회상에 대해 "외국의 전망과는 달리 중국이 가야 할 길은 아직 너무도 멀고 험난하다."고 탄식한다.

이와 같이 쌓여만 가는 발등의 불씨를 끄기 위해 중국 정부는 중국 공산당의 더욱 강력한 단결과 공산당 스스로의 쇄신을 동시에 추진하고 있지만 쉽지만은 않다. 다른 여러 나라들과 마찬가지로 경제 발전이라는 향기로움에 익숙해진 중국의 지방자치체와 기업들 그리고 일반인들도 점점 더 중앙 정부의 통제력에서 자유로워지려 하기 때문이다. 그렇다고 통제의 끈을 조이면 경제 발전에 무리가 가고, 일정 정도(연간 7~8% 정도는 필요하다고 한다)의 경제 성장이 이뤄지지 않으면 13억 대국을 현 상태로 견인하기도 힘들게 된다. 결국 중국 정부는 극히 제한된 선택지 내에서 경제 발전과 통제력 누수라는 양날을 잘 처리해 나가야 하는 국가 사활의 이정표로 치닫고 있는 중인 것이다.

그런데 이와 같은 중국 정부의 경제에 대한 통제력이나 대국민 통제력의 약화 현상이 이미 도처에서 확인되고 있다. 먼저 경제 부문을 들여다보자.

중국 대륙 전체를 위한 국가차원의 거시적 경제정책을 추진하고 있는 중국 경제의 조타수 원자바오 총리는 북경에서 느긋하게 업무 지시를 하던 과거의 전임자들과는 달리 광활한 중국 대륙을 분주하게 뛰어 다니고 있다. 각 지방 정부들이 점점 중앙 정부의 '간섭'을 달가워하지 않기 때문이다. 이에 대해 중국사회과학원 경제연구소의 한 연구원은 중국 경제는 중앙 정부가 모든 것을 좌지우지하던 시절은 이미 지났다고 분석한다. 중국의 경제 구조가 정부보다 민간 자본 위주로 변하고 있고, 법적으로도 이미 시장경제와 사유재산의 불가침성을 규정한 이상 중앙 정부의 통제에 의한 계획경제로의 회귀는 불가능하다는 것이다.

설상가상으로 이와 같은 중앙 정부의 통제력 누수 현상은 '경제 자유'를 거쳐 이제는 '언론 자유'로까지 번지고 있다. 그 한 예로 얼마 전 중국 베이징대학의 한 교수가 인터넷상에 발표한 중국판 '보도 지침'에 대한 강렬한 비난을 들 수 있다. 언론을 향해 보도 금지 조처를 남발하는 중국 공산당의 핵심 권력 기관인 당 중앙선전부를 "토벌하라"는 비판적인 그의 글(물론 곧 삭제당했지만)이 네티즌을 통해 신속히 전파되면서 논란을 불러일으킨 사건이다. 그는 "언론 자유란 사회 문명의 척도"이고, 언론 자유를 부정해 온 중국 공산당 선전부야말로 중국 문명 발전의 걸림돌이요, 사악한 세력과 부패분자의 가장 강력한 보호 세력이라며 맹렬히 비난하였다.

이와 관련해서 중국 현지에서 중국인들로부터 자주 듣는 이야기 가운데 하나가 "공공장소에서는 말조심하라"는 것이다. 이는 곧 중국인들도 자국 정부의 중국식 사회주의의 허와 실에 대해 잘 알고 있다는 얘기이기도 하다. 바로 이 점에 비춰 볼 때 위의 문제 제기는 많은 중국인들도 이미 관심 있게 그 추이를 지켜보고 있음을 암시하는 것이기도 하다. 이렇듯 중국식 사회주의는 사회주의 유지상 어쩔 수 없이 취한 경제 자유화의 결실이 어느 순간 부메랑이 되어 난마를 재생산하는 형국이 되어 버렸다.

떠오르는 신중국인과 쫑후워[中華] 주의

필자는 중국 정부의 대국민 통제력 약화가 향후 중국의 가장 심각한 문제의 하나가 될 것이라 생각한다. 특히 이미 사회의 주류로 부상하여 활약하기 시작한 1970년대 이후 출생한 중국인들을 보면, 중국의 검증되지 않은 위험한 '쫑후워[中華] 민족주의'가 연상되어 섬뜩함마저 느껴진다. 그런데 더 큰 문제는 지금의 모습으로 이들을 교육시켜 온 중국 정부도 이들로 인해 종종 곤욕을 치르게 되었다는 점이다. 키운 맹수 새끼에게 물리기 시작한 것이다.

중국에서 계획생육(計劃生育)이라는 산아제한 정책이 시작된 해는 1978년이다. 따라서 대부분의 1970년대 출생자들은 '한 자녀 갖기'가 시행되기 전에 태어난, 중국에서 인구가 가장 많은 세대에 속한다. 이들은 우리가 흔히 생각하고 있는 '중국인다운' 중국인과는 여러모로 뚜렷이 구분되는 모습을 띠고 있다. 이들은 오늘의 중국을 건국한 마오쩌뚱과도 거리가 멀고, 오늘날의 중국을 규정짓고 있는 문화대혁명과도 무관하다. 이들이 아직 태어나기 전이나 아주 어렸을 때 마오쩌뚱이 사망했으며, 혁명의 소용돌이도 이미 끝난 상황이었기 때문이다.

이들은 우리가 흔히 머릿속에 연상하는 경직된 중국과는 거리가 먼, 덩샤오핑의 탈이념과 실용주의 노선 시기에 태어났거나 성장한 첫 성인 세대이다. 달리 표현하자면 서방 자본주의적 환경과 크게 다를 바 없는 상황에서 출생하고 성장해 온, 우리네와 많은 점에서 유사한 새로운 중국인 세대이다. 따라서 이들의 언행은 이전의 중국인들과는 판이하게 다르다. 집단의식이나 검소함, 자족 등과 같은 기존의 중국적 사회 관념이 더 이상 이들에게는 적용되지 않는다.

한 예로, 부모 세대들은 없는 살림 아껴 가며 한푼 두푼 저축으로 일관해 왔지만, 이들은 없는 돈 대출하고 카드 긁어 가며 자동차를 구입하거나 취미활동을 위해 지출하는 등 철저히 개인적인 삶을 향유하고 있다. 이러한 이들이 현재 중국 사회의 핵심 소비 계층이요, '빠이링'(화이트칼라), '구깐'(핵심 요직), '찡잉'(엘리트) 등 요지를 속속 차지하고 있다. 또한 이들은 현재 급속하게 중국 사회를 접수하고 있는 신주류이며, 이들의 머릿속에 그려지는 모습이 중국의 미래가 되고 있는 것이다.

이상에서 유추할 수 있듯 오늘을 살아가는 중국의 세대 간에는 정신적 '단절'이 자못 심각하다. 이는 일본의 전전(戰前)·전후 세대 간의 정신적 단절 못지않다. 이에 따라 중국의 주역으로 성장하고 있는 이들 신(新)중국인에 대한 중국 사회내의 시각 역시 다양하게 나타나는데, 이에 대한 중국 네티즌들의 찬반양론을 한 언론 보도를 중심으로 살펴 보자.

'왕이'라는 네티즌은 신중국인들이야말로 가장 건강하고 깨끗한 세대라고 평가한다. 이상주의적 계몽 교육을 받고 자란 이들은 시장경제의 세례 속에서 성실하게 주어진 일에 몰두하면서 미래를 설계하고 투자한다. 사회주의 시장경제 체제 하에서의 새로운 모범을 창조하고 있다는 것이다.

반면에 구세대의 한 네티즌은 1970년대생을 '쓰레기들'이라고 격하한다. 그들은 서구식 삶에만 치중할 뿐 기존의 전통과 관념을 무시하며 도통 대화하려고도 않는 지극히 개인주의적인 세대로, 따라서 역사에는 오명 외에 남길 것이 없는 자들이라고 비난한다.

반격에 나선 한 1970년대생은 자신들이야말로 서방 사상을 접촉한 첫 세대로서 국가 통제에 맞서 스스로 사고하는 가운데 사회의 암흑을 고민하는 세대라고 반박하고 있다. 또 다른 네티즌도, 1970년대생이야말로 기존의 왜곡된 권위를 무시하고 '무릎 꿇는다'는 말을 싫어하는 가장 정직하고 떳떳한 세대라고 주장한다.

그런데 이처럼 찬반양론이 거센 이들 신중국인들을 가까이서 바라보노라면 바람직스럽지만은 않다는 느낌이 들기도 한다. 악비 장군(몽골의 침략에 맞서 군사를 일으켰다가 전사한 송나라 때의 영웅)을 그린 소년 동화 「악비진」을 보며 민족주의 감정을 키워 온 신중국인들의 애국심과 중화민족주의 성향이 너무 과도하다는 느낌이 들기 때문이다.

과거 일본 제국주의에 의한 역사가 들먹여질 때마다 즉각적으로 험한 소리를 퍼부으며 인터넷에 반일 서명을 주동하는 신중국인들, 조그만 섬나라 주제에 "우리 13억 중국인이 일시에 일본을 향해 침을 한 번 뱉으면 떠내려 갈 놈들!" 하며 흥분을 감추지 못하는 이들, 다른 사안에 대해서는 개인주의적 색채가 강하지만 유독 '중국 대 타국' 또는 '중화민족 대 타민족'이라는 구도가 형성되면 공정해야 할 스포츠에서조차 극단적 행동을 서슴지 않는 이들, 얼마 전 중국 현지에서 한중전을 관전하던 한국의 붉은악마 회원에게 험한 짓을 하기도 한 그들, 그러나 이제는 중국 정부조차 이들을 힘겨워하기 시작했으니 이는 심각한 문제가 아닐 수 없다.

만약 중국 정부의 방침이 이들의 노선과 다르게 수립되어 이들이 정부를 향해 자신들의 애국심과 민족주의를 표출한다면, 또한 중국의 WTO 가입 등으로 인한 글로벌화와 더불어 유입된 민주적 사고방식이나 자본주의적 가치관 등이 이들 신중국인과 결부되어 중국 정부나 공산당에게 맞선다면, 이는 중국이라는 국가 전체에 상당한 위협으로 작용할 수 있다. 이는 실제로 중국의 정치 체제나 소유제에 대한 개혁 논의에도 도화선이 될 수 있다. 이점을 우려하여 장쩌민 전 총서기도 이미 "글로벌화는 날이 둔한 검"이라고 경고한 바 있다. 중국 정부의 대(對)국민 통제력 약화는 언제든지 중국의 국가 사활과도 직결될 수 있는 또 다른 발등의 불이 되고 있는 것이다.

이러한 맥락에서 바라볼 때 중국 사회 내부의 현안에 대한 충분한 고려와 대책도 없이 중국에 대해 급히 접근하려는 작금의 한국호(號)에 대해서는 심히 우려하지 않을 수 없다. 중국에 호감과 기대를 갖고 예의 주시하는 것은 좋지만 그렇다고 모든 것을 '올인'하려 해선 안 된다. 50여 년 전 사회주의의 혼돈으로 들어가던 중국과는 달리 신흥 강대국으로서의 중국의 잠재력은 인정하되, 우리는 좀 더 냉정하고 진중하게 대중(對中) 관계에 임해야 한다. 결국 중국과 더욱 가까워지기 위해 우리에게 요구되는 것은 다름 아닌 중국을 더욱 다각적으로 조망하고 분석하며 그곳에서 우리의 접근방향을 수립해나가는 더욱 신중한 자세인 것이다.

가깝지만 ^{껄끄러운} 일본

일본 중의원은 2004년 5월 본회의에서 '미군행동원활화법'과 '미·일 물품역무상호제공협정'을 통과시켰다. 일본의 외교전략은 현재 대내외적으로 '대미 일변도'의 저자세 외교라는 비난에도 불구하고 국제사회에서의 유일 패권 국가인 미국에 최대한 다가서는 접착식 외교를 강화하고 있는 것이다.

앞서 언급한 2004년 4월 한국의 한 신문사에서 행한 여론조사에 의하면, 일본에 대한 응답자의 반응은 전 연령층에서 '싫다'가 '좋다'는 응답보다 높게 나타났다. '자녀에게 가르치고 싶은 외국어'(2.8%), '자녀 유학 보낼 국가'(5.4%)에서도 응답자의 반응은 상당히 낮은 것으로 밝혀졌다.

이와 같이 가깝지만 가까워지지 않는 나라 일본, 그 일본의 전통적 외교술과 오늘의 모습을 살펴보기로 한다.

전통적인 일본의 급변 외교

한마디로 여러 면에서 일본의 '급변'은 전통이라 할 수 있다. 이런 평가에 대해 공감하는 일본의 학자들이 있으니, 17세기 일본의 대학자 아라이 하쿠세키[新井白石]도 그 가운데 한 명이다. 그에 의하면, 일본 역사를 고찰해 보면 일본은 역사의 중요한 이정표에 도달하게 되면 무엇보다도 실리적 입장에서 당대의 시류에 편승해 버린다고 한다. 아무리 완강하게 반대하고 저항했어도 일단 판세가 정해지면 강자 쪽에 다가가는 돌변이 자연스럽다는 것인데, 일본 역사를 보면 어느 정도 이해가 되는 부분이기도 하다.

실제로 일본은 시류 편승 전략으로 인해, 예컨대 한반도에 조선이라는 한 왕조가 518년 동안 그리고 중국 대륙에서는 명과 청이라는 두 왕조가 500여 년 동안 이어지는 같은 기간에 이시가와[石川] 막부, 오다 노부나가[織田信長], 토요토미 히데요시[豊臣秀吉], 도쿠가와 이에야스[德川家康] 정권, 메이지 유신[明治維新] 등 일본 역사상 주요 패권이 5개 정도 부침하는 변화무쌍한 모습을 보이고 있다. '일본의 변천은 전통'이라는 것을 잘 보여 주는 한 예가 아닐 수 없으며, 이와 같은 일본의 '변천'의 전통을 잘 모르거나 소홀히 한 채 일본 외교에 '뒷북치기'로 일관하는 우리 외교 당국에 시사하는 바 또한 적지 않다 하겠다.

한편 일본의 이와 같은 대세 수용, 시류 편승 전략은 이미 일본의 고대국가 체제를 확립한 인물로 일본사에서 널리 추앙받고 있는 6,7세기의 쇼토쿠[聖德]태자 시기에서도 잘 나타난다. 그가 제정한, 일본에서 가장 오래된 법인 '17조 헌법' 첫머리에는 "와[和]를 중시한다."라고 명기되어 있다. 그런데 여기서의 '와'는 우리말의 '화(和)'로 번역되지만 의미는 다소 다르다. '와'의 의미는 이미 바뀐 현실을 있는 그대로 수용함으로써 화합을 도모하자는 뜻이다. 여기에는 지난 과거는 불문한다는 현실 중시의 시각이 함축되어 있다. 바로 이 '와' 속에서 역사를 그려 온 일본인지라 우리와는 여러 가지로 다른 특징을 지닐 수 있는 것이다.

예를 들어 이런 일본 사상 속에서는 이미 수십 년간 식민지배당하고 있는, 즉 대세가 완전히 기운 상태에서의 한민족의 3·1 운동은 이해하기 힘든 것이다. 또 이미 지나간 과거사를 '계속' 들추어 대는 한국과 중국 등의 현재 모습에 고개를 갸우뚱거릴 수도 있는 것이다. 이처럼 일본의 외교 패턴은 그 역사 흐름에서도 알 수 있듯이 철저히 자기중심적으로 실리 위주이며 시류 편승적 특징을 지닌다고 할 수 있다.

한편 일본의 이와 같은 외교 행태에 대해 일본 최고의 문학상인 아쿠타가와상 수상작 『이민』을 통해 고찰하는 전문가도 있다. 이 작품의 여주인공은 직장 상사, 이민단의 지도원 등 그때그때의 대세와 필요에 따라 마음과는 상관없이 여러 남자에게 몸을 맡기며 살아간다. 강자(승자)를 따라 변하는 일본의 외교 행태 역시 이 여주인공의 행동과 크게 다를 바가 없다는 것이 그 분석의 핵심이다.

과거는 일본 열도도 버겁다

여기서 주제를 오늘의 일본으로 돌려보자. 2004년 일본의 후쿠오카 지방법원은 고이즈미 총리의 야스쿠니 신사 참배가 위헌이라는 판결을 내렸다. 이에 대해 당사자인 고이즈미 총리는 앞으로도 참배를 계속하겠다고 공언하였지만, 본 판결을 계기로 야스쿠니 참배의 문제점을 지적하는 비판의 목소리가 일본 내에서도 거세지고 있다. 우선 연립정권 파트너인 공명당은 야스쿠니 참배가 위헌 소지가 있다는 우려의 입장을 재차 밝혔으며, 야당인 민주당 또한 위헌 소지가 있는 총리의 공식 참배는 근절해야 한다고 비판하고 있다. 반면에 일본의 우익 보수 대변지 역할을 자처하는 산케이[産經], 또 우익 성향의 요미우리[讀賣]신문은 총리의 야스쿠니 공식 참배를 지지하는 사설을 내보냈다. 그러나 일본 사회의 유력지인 아사히[朝日], 마이니치[毎日], 니혼게이자이[日本經濟]신문 등은 일본 수상의 야스쿠니 공식 참배의 부적절성을 지적하는 사설을 게재하였다. 그런데 이를 통해 알 수 있는 것은 일본은 아직도 스스로가 저지른 과거에 대한 시각이 국내에서조차 심각한 대립 양상을 보이고 있다는 점이다. 다시 말해 일본 사회도 제

2차 세계대전 패전 후 50여년이 지난 현재까지 자신들이 청산하지 않은 그 과거의 버거움에 의해 양분된 채 심각하게 대립하고 있는 후유증을 앓고 있다는 것이다.

한편 한국은 차치하더라도 중국 내 반일 감정은 매우 험악하여 심지어는 나라 이름 중 오로지 일본에만 꿰즈[鬼子 : '놈'이라는 뜻]를 붙여 거의 반사적으로 "르뻰 꿰즈"[日本鬼子 : 일본놈]라고 부르고 있다. 그런데 이 같은 중국 내 반일 분위기를 대개의 경우 일본 언론을 통해 파악할 수밖에 없는 일본인들은 중국인들이 왜 일본을 싫어하는 지는 잘 모르는 채 중국에 대해 껄끄러워하며 좋지 못한 감정을 지니게 된다. 이와 같이 마땅히 풀어야할 문제를 풀지 않는 소극적 태도는 양국 국민들의 관계 또한 악화시키고 있다. 필자가 중국과 일본의 일반인들을 접하면서 느끼게 된 가장 큰 우려는 바로 양국 국민들 간의 깊어가는 '감정의 골'이다. 이렇듯 일본에 의한 과거는 현재를 저해하고 있을 뿐만 아니라, 양국의 미래 또한 크게 왜곡시키고 있는 것이다.

인민들에 대한 통제력이 약화되어 가는 중국 정부로서는 중국인들의 악화되어만 가는 대일 '국민감정'을 더 이상 경시할 수만은 없다. 경제 발전을 위해서는 대일 관계를 극단으로 끌고 가지 않아야 하지만, 그렇다고 인민 감정을 어느 정도 수용하지 않으면 대내적인 문제가 발생할 수도 있다. 이처럼 중국 정부도 진퇴양난에 빠져 일본 정부에 대한 분노만 키워 가고 있는 것이다. 이와 같은 중국의 대일 자세는 일본으로 하여

금 급기야 일본의 국방백서에 "잠재적 위협 적국 중국"으로 등재시키기에 이르렀다. 참으로 양국의 악순환은 그칠 줄을 모르고 있다.

한편 험악한 중·일 관계는 일본으로 하여금 유일 패권 대국 미국으로의 접근 현상을 가속시키고 있다. 사실 일본의 근·현대사는 미국을 빼놓고는 말할 수 없을 정도다. 미국의 페리 제독이 이끄는 쿠로부네[黑艦]에 의해 1854년에 개국된 일본은 이때부터 미국의 영향을 받기 시작, 제2차 세계대전 패전 이후에는 연합국 총사령부(GHQ)의 총사령관으로 부임한 맥아더 장군 등을 통해 계속해서 미국의 영향력하에 놓이게 된다. 그 결과 정치적으로는 패전 당시 미국이 만들어 준 헌법을 여태 그대로 사용하고, 오랫동안 지속된 일본에 대한 미국의 사실상의 지배는 일본 국민들의 정신 깊은 곳에 '미국 동경', '서구에 대한 열등의식' 등으로 뿌리를 내린다. 이는 패전 후 목피초근으로 연명하던 일본인에 비해 "나이프와 포크를 들고 피가 터져 나오는 고깃덩어리(스테이크)를 썹으며 붉은 술(와인)을 즐기는 노랑머리에 선글라스 차림의 미국인들처럼 되고 싶다"는 일본인들의 생각에서 잘 나타난다.

이와 같은 일본의 전방위적 대미 종속 현상은 제2차 세계대전 후의 일본 정치외교사에도 그대로 반영된다. 우선 일본은 제2차 대전의 전세가 판가름나자 즉각적으로 적국인 미국 편으로 돌아서는 일본 전통의 '변천' 외교 행태를 보이며 미국 주도의 연합국에 적극 협조하였다. 그뿐 아니라 종전 후 일본 정치의 행적을 따라가 보면, 패전국 일본의 궤도를 설정한 요시다 시게루 수상부터 현 고이즈미 정권까지 역대 내각들 대부분이 정도의 차이는 있지만 '대미 일변도 외교정책'을 유지하고 있다. 미국에 의한 패전, 그리고 미국에 의한 히로시마 나가사키 원폭 투하를 직·간접적으로 경험한 이들 일본 정치인들이지만 철저하게 승자인 미국 편에 서서 "오늘날 일본 경제의 부흥은 미국에게 패전했기에 가능했다.", "일본 열도를 태평양의 미국 불침 항모로!"라고 거침없이 토로하고 있는 것이다.

또한 이 같은 일본 현대사의 행적은 일본의 대미 종속과 열등의식을 심화시키기에 충분했으니, 그 결과 세계 제2의 경제 대국으로 성장한 오늘날 일본인들의 뇌리 속에 "미국은 너무 대단해! 우리 일본은 미국에는 안 돼!"라는 자기 비하 의식이 깊게 자리하게 된 것이다. 사실 일본 사회의 미국을 위시한 서구 사회 동경, 아시아 사회 비하는 너무나 심각하다. 일본인들은 그들을 마치 '명예 백인' 쯤으로 생각하고 있는 듯한 느낌이 들 정도이다.

이번에는 과거를 둘러싼 또 다른 일본 국내 문제를 살펴보기로 하자. 일본에서는 아직도 일본국의 상징물인 일본 국기 '히노마루'와 국가 '기미가요'를 둘러싼 논쟁이 끊이질 않고 있다. 교원노조를 비롯한 교육 현장 특히 제2차 대전 후 GHQ에 의한 교육을 받은 교사들을 중심으로 과거 침략 전쟁을 일으킨 '대일본제국'의 상징인 국기와 일장기, 국가, 기미가요 등은 자유민주주의 국가로 다시 태어난 일본국의 상징이 될 수 없다며 반대하는 사람들이 적지 않다. 이들은 학생들에게 국기에 대한 경례와 국가 제창, 기립 등을 강요하는 것은 헌법상 '양심의 자유'에 위배된다는 등의 이유로도 반발하고 있다.

일본 정부는 1999년 이른바 '국기·국가법'을 시행하여 졸업식이나 입학식, 그리고 기타 주요 행사 때 국기 게양과 국가 제창을 의무화했다. 하지만 그렇다고 일본 열도 내에서의 국기 게양이나 국가 제창을 둘러싼 대립이 끊긴 것은 아니다. 2004년 최근에도 이와 관련하여 일본의 한 학교 교장이 부임 얼마 후 유서를 남기고 자살한 사건이 발생했다. 상부의 요구와 명령, 즉 일본 국기를 게양하고 국가를 부르는 애국 교육을 강요해야 하는 입장인 그와, 이를 반대하고 저지하려는 교직원과의 사이에 알력과 충돌이 일어나 결국 교직원들이 교장을 따돌려 자살하게 만든 것이다. 다른 나라에서는 아무렇지도 않은 이런 일들이 일본에서는 무고한 인명을 앗아가는 사태로 빚어지고 있다. 그만큼 일본 열도는 아직까지도 그들이 초래한 과거의 굴레 때문에 버거워하고 있는 것이다.

그런데도 일본의 나가다쵸[永田町 : 일본 국회의사당이 있는 곳]는 지금도 구태를 반복하고 있다. 이렇게 볼 때 이런 낡은 정치인들이 바뀌지 않는 한 일본은 언제까지고 과거에 짓눌려 대내외적으로 고통 받을 수밖에 없을뿐더러 국가와 국기 등 과거의 버거움에 짓눌려 계속 대립할 수밖에 없을 것이다.

일본 헌법을 둘러싸고

일본의 '버거운 과거' 가운데 핵심적인 것 중 하나가 바로 일본의 헌법 개정 문제이다. 일본은 이 문제를 둘러싸고도 국론이 양분된 채 대립과 반목을 거듭하고 있다. 그런데 한국 사회에서도 전문가들을 중심으로 일본 헌법 개정 문제가 심심찮게 논의되고 있다. 그렇다면 과연 무엇이 어떻게 되었기에 그토록 복잡한 양상을 띠고 있는 것일까? 일본의 현행 헌법(전쟁 포기와 전력 보유 금지 조항 등으로 인해 일반적으로 '평화헌법'이라 불린다)과 그 개정을 주장하는 이유에 대해서 살펴보자.

일본 마이니치신문의 여론조사에 의하면, 일본 국회의원의 78%가 일본의 평화헌법 개정에 찬성하는 것으로 드러났다. 일본의 중·참의원 722명에게 전쟁 포기를 명문화한 헌법 제9조를 중심으로 질의한 결과, 헌법 개정 찬성이 78%, 개정 반대가 14%, 무응답이 8%로 나타난 것이다. 전쟁 포기 선언이 담긴 9조 1항에 대해서는 70%가 현행 헌법 조문 유지를 지지했고, 전력 보유를 금지한 9조 2항의 경우 자민당의 85%가 개정하여 전력 보유를 명기해야 한다고 답한 것으로 나타났다.

현재 일본 사회 초미의 관심사로 떠오른 일본의 헌법, 일본의 태평양전쟁 패전 후 일본이 타국으로부터 침략당할 때만 응전할 수 있도록 한 '자위권'을 규정한 현행 헌법은 사실상 미국이 제정해 준 것이다. 일본은 헌법상 지구상의 어떠한 전쟁 행위에도 참가하지 못하게 되어 있다. 그런데 현재 일본 정계가 이 규정을 은근슬쩍 개정함으로써 과거의 버거움으로부터 벗어나려는 것이다.

전문과 11장, 103조로 1946년에 제정된 이래 아직까지 단한 차례의 개정도 없었던 일본 헌법 개정의 최대 현안은 '전쟁 포기'와 '군대 보유 금지'를 명시한 헌법 9조의 개정 여부에 있다. 1990년대까지만 해도 헌법 '9조'는 그야말로 성역으로서 우익 세력들의 개정 주장에 대해 일본 사회는 미동도 하지 않을 만큼 호헌(護憲)이 당연시되었다. 그런데 일본이 이른바 '잃어버린 10년'이라 불리는 장기 침체에 빠지면서 일본 사회 전체가 보수화되고, 설상가상으로 북한의 대포동 미사일이나 핵 문제 등이 불거지며 일본인들이 안보에 위기의식을 느끼면서 헌법 개정에 찬성하는 자세를 보이게 된다. 즉, 일본인들이 군국주의나 보수·우익화를 지지해서 개헌에 동의하는 것은 아니다.

일본 사회의 이러한 변화상을 잘 반영하듯 일본의 마이니치신문이 최근에 조사 발표한 바에 의하면, 일본 유권자 1092명 중 59%가 개헌 찬성, 31%가 반대하는 것으로 나타났다. 이는 동 신문이 1982년 이후에 실시한 10번에 걸친 조사에서 최초로 개헌 찬성이 과반수를 넘은 것이다. 우익을 비롯한 헌법 개정론자들은 이런 분위기를 물실호기로 교묘히 이용하여 헌법 개정 작업을 진행시키고 있다.

그런데 헌법 개정의 움직임과 관련하여 우려되는 바는 현재 우익분자들의 헌법 개정에 대한 효과적인 견제 세력이 없다는 점이다. 그동안 줄곧 평화헌법 옹호를 강령으로 해 온 일본 사회당이나 공산당 등이 국내외의 정세 변화에 유연하게 대처하지 못한 탓에 그 입지가 현저히 약화된 결과, 현재의 일본에는 우익분자들의 헌법 개정에 대한 효과적인 견제 세력이 거의 전무하다는 점이다. 게다가 제2차 세계대전 이후에 출생한 소위 '전후(일본 사회에서는 전후(戰後), 전전(戰前)이라는 단어가 상당히 많이 사용된다)' 정치인들, 즉 젊은 소장파 정치인들이 일본 정계에 대거 진출, '미국에서 벗어난 어엿한 자주국방'을 주장하며 헌법 개정에 찬동하고 있어 일본의 현행 평화헌법은 또 다른 의미에서도 그 개정 요구가 제기되고 있는 것이다.

일본 헌법을 둘러싼 상황 변화로 인해 일본 국회는 2000년 마침내 '헌법조사회'를 구성하고 개헌에 관한 여론과 개헌 방향 등을 조사하여 2002년 말에 9조 개헌의 필요성을 담은 중간 보고서를 발표했으며, 2005년에는 최종 보고서를 내놓을 예정이다. 이와 관련, 집권 자민당도 2004년 중에 '헌법 개정에 관한 국민투표법'을 제정할 움직임을 보이고 있다. 왜냐하면 현행 일본 헌법에 의하면, 개헌을 위해서는 중·참의원 양원에서 각각 의원 3분의 2 이상의 찬성과 국민투표에서 과반수의 찬성이 필요한데도 아직은 실무 절차를 규정할 국민투표법조차 부재하기 때문이다. 이에 따라 자민당은 2005년 11월 창당 50주년을 맞아 나름대로의 개헌안을 발표할 예정에 있으며, 최대 야당 민주당도 헌법조사회를 구성하여 이에 맞서는 개헌안을 준비 중에 있다. 이렇듯 일본 헌법은, 현재 연립 여당인 공명당과 야당인 사회당·공산당이 9조 개헌에 반대하고 있지만 최대 야당인 민주당 내에서조차 개헌 찬성론이 일고 있고 일본 국민들의 안보 위기의식도 고조되고 있는 상황에서 고이즈미 이후에는 개헌될 가능성이 크다. 개헌론자인 고이즈미 총리가 자신의 임기인 2006년까지는 개헌을 않겠다고 공언하고 있기 때문이다. 그는 임기 중에 모든 준비 작업을 마친 뒤 후임 총리가 해나가는 방법을 염두에 두고 있는 것이다.

자위대를 둘러싸고

일본의 자위대는 육해공군을 모두 합쳐 정규군 24만 명에다 예비병력 4만 명으로 구성되어 있다. 그런데 이 자위대는 헌법 9조 규정에 의거, 비록 군대의 모습을 갖추고는 있지만 '자위권'만을 위한 조직에 불과하며, 이에 따라 그 명칭도 군(軍)이 아닌 자위대인 것이다. 즉, 자위대는 이와 같은 헌법상의 제약에 따라 정식 군대가 아닌 자위대이니만큼 한국의 '국군'이나 중국의 '인민해방군' 등 다른 나라 군대와는 달리 그 행동에 적지 않은 제약이 수반된다.

한편 일본 정부에 의한 자위대의 방위 정책의 근본은 '전수(專守)방위' 즉 오로지 자기 방어에만 국한된다. 자위권 발동도 전쟁 이외에는 다른 수단이 없을 때라야 비로소 행사가 가능하고, 이때도 최소한의 실력 행사에 국한한다는 등 세 가지 조건을 준수하도록 되어 있다. 물론 그 활동 범위도 일본 국내와 일본 영해로 제한되어 있다. 그뿐 아니라 집단적 자위권도 허용되지 않아 타국과 협력하면서 전쟁 활동을 수행할 수도 없다. 즉, 동맹 관계에 있는 미국이 전쟁을 벌여도 현행 헌법상 일본의 참전은 불가능하다. 그래서 현재 일본 정부는 관계 규정을 교묘하게 해석하는 식으로 구렁이 담 넘어가듯 슬그머니 자위대 해외 파병의 길을 열어 놓으려 하고 있는 것이다.

또 다른 한편 일본의 집권 자민당의 개헌안은 현행 일본의 자위대를 다른 나라와 동일하게 정식 군대로 인정, 아울러 현행 헌법이 금지하고 있는 집단적 자위권도 허용하는 것으로 되어 있다. 그런데 자민당의 개헌안대로 자위대가 정식 군대가 되고 위와 같은 제약이 모두 사라지게 되면, 국방비 세계 2위인 일본의 자위대는 막강한 군대가 됨으로써 일본은 명실 상부한 군사 강국으로 부상하게 되는 것이다.

이상과 같이 일본은 현재 다른 나라는 짊어지지 않아도 될 버거운 과거에 눌려 있다. 그리고 이에 대한 결자해지는 일본인에게 달려있다. 그러나 유감스럽게도 현재의 일본인들에게 이를 기대하기란 쉽지 않다. 1960년대의 이른바 안보 파동을 겪으며 이미 노년기를 맞이하다시피 한 일본 사회, 한국에서의 낙천운동과 같은 범국민적 '살아 있는' 시민운동을 부러워하며 오늘날 일본 국민들의 무기력을 한탄만 하는 일본인들, 그리고 서구 사회보다 더 심하게 개인주의가 만연한 오늘날의 일본 사회 등으로 미루어 볼 때, 이들 일본인들이 일본 정계를 견제하고 일갈하며 바른 길로 이끌기란 아쉽게도 한계가 있기 때문이다.

일본 전통과 정계 개혁의 아킬레스건

일본 국민들로 하여금 일본 정계를 잘 이끌고 계도하기 힘들게 하는 또 다른 이유는 일본 사회의 '오카미'(윗분) 전통과 토요토미 히데요시 이래 정착되다시피 한 '가타나가리'(칼 사냥) 전통을 들 수 있다. 전통이라는 것은 좋건 나쁘건 하루아침에 바뀌지는 않는다. 일본 사회 특유의 "위에서 하라는 대로 하라.", "감히 위에 대고 대들거나 거역해서는 안 된다."는 오카미 전통, 그리고 토요토미 히데요시가 전국 통일을 위해 농민들로부터 무기를 몰수한 이후 무사 계급의 압도적 무력과 엄격한 사회제도 아래 오로지 순종만이 생존을 위한 담보로 여겨온 일본 사회의 가타나가리 전통은 얼마 전에 있었던 이라크에서의 일본인 인질극에서도 여실히 드러난다.

이라크 무장 단체에 납치되었다 석방된 일본인 인질 3명, 이들은 다른 나라 같으면 국가 차원에서 환영을 받았겠지만 일본은 달랐다. 인질 석방과 관련하여 니혼게이자이신문은 사설에서 "선의였겠지만 정부의 권고를 무시하고 이라크에 입국한 이들 3명은 반성해야 한다."고 질책하고 나섰다. 마이니치 역시 "이들의 행동은 경솔하다는 비난을 들어 마땅하다. 외무성이 그렇게 가지 말라고 한 것을 몰랐을 리 없다."고 비난했다. 국제사회와의 유대를 주장하는 건전한 신문들이 이러한데 우익의 대변지나 우익 성향이 강한 신문들은 오죽했겠는가? 우익 성향의 요미우리신문은 "정부의 제지를 마다하고 이라크로 들어가서 일이 생기면 정부가 도와주겠거니 하고 안이하게 생각해선 안 된다."고 지적하며, 모든 책임은 정부 말을 듣지 않은 본인들 책임이라며 강하게 인질들을 질책했다. 우익의 대변지 격인 산케이도 "일본 정부와 사회에 폐를 끼친 것에 대해 사죄해야 한다."라는 기가 막힌 논조를 펴고 있다. 고이즈미 총리도 "올 들어 열세 번이나 이라크에 들어가지 말라고 했다. 그런데 왜 그랬는지 모르겠다."며 인질들을 책망했고, 가와구치 외상도 "앞으로 해외에서의 행동은 자기 책임하에 해야 할 것"이라고 덧붙였다. '윗분'들의 반응이 이러하자 일본 외무성의 한 외곽 단체인 국제교류서비스협회는 인질과 가족들에게 구출 당시에 든 비용 237만 엔(약 2,400만 원)을 청구하였다. 이처럼 일본의 전통은 동일 사안에 대해서 다른 나라에서의 반응과는 전혀 다른 양상을 띠게끔 한다.

한편 일본의 이러한 반응에 대해 프랑스의 르몽드, 미국의 로스앤젤레스타임스와 뉴욕타임스 등은 윗분, 즉 정부를 뜻하는 '오카미', '자기 책임' 등의 일본어를 직접 거론하면서 정부에 반대하는 행동을 용납하지 않는 일본 사회의 분위기에 놀라워하며 일본의 분위기를 비판하는 보도로 일관하였다. 그러자 일본 사회의 태도가 급변, 아사히신문은 사설 등을 통해 정부의 국민 보호 책무와 개인 책임은 별개의 문제라며 모든 책임을 인질들에게 덮어씌우려는 움직임을 견제하였고, 야마가타 현과 아키타 현, 아이치 현 등 3개 현의 지사들도 기자회견을 열고는 모든 것이 그들의 책임이라고 윽박지르는 것은 가혹한 처사라고 반박하였으며, 인질 때리기 공세에 눌려 눈치만 보던 일본 시민 단체들도 그때서야 겨우 반론을 제기하고 나섰다.

이렇듯 21세기를 보내는 일본은 아직도 정계의 '윗분들'에게 유리한 전통적인 정치 풍토를 간직하고 있다. 타국의 전통에 대해 왈가왈부할 일은 아니지만 급변하는 국제 정세의 소용돌이는 아직까지 일본 열도에는 진입하지 못하는 것 같아 안타깝기도 하다. 그나마 현재 일본 정계에는 몇몇 젊은 정치인들을 중심으로 일본 사회 쇄신을 위한 활발한 움직임이 전개되고 있고, 또 일반 국민들 사이에서도 이미 상당 부분 진전된 국제사회와의 접촉 등으로 인해 다원화한 일본인들이 늘어나 사회 변화의 원동력이 되고 있어 다행이라 할 수 있다.

아시아 사회를 바라보는 눈도 상당 부분 달라지기 시작했다. 실제로 필자가 재일 유학 기간 중에 창설한 한국과 일본의 민간인이 협력하여 아시아 발전에 기여한다는 취지의 '한일아시아기금(www.iloveasiafund.com)'에는 10대에서 80대까지 자발적으로 참가한 자원봉사 스텝진과 기부금 회원들이 캄보디아에 설립한 '아시아 미래학교'(우리의 상록수와 같은 무료 빈민학교)의 운영을 위해 헌신하고 있다. 하지만 일본 열도 전체적으로 볼 때 이들의 수는 미미한 수준이고, 젊은 쇄신파 정치인들이 일본 정계의 중앙 무대에서 영향력을 행사하기까지에는 상당한 시간을 필요로 한다. 그러하므로 우리는 이들과 공감대를 형성하여 중장기적 관점에서 협력해 나갈 필요가 있는 것이다.

멀지만 멀기 힘든 미국

앞서 언급한 2004년 4월 한국의 한 신문사에서 행한 여론 조사에서 동맹국 미국에 대한 우리 국민들의 복잡다단한 심정이 그대로 나타났다. 동맹국인 미국은 사회 문화 측면에서는 '가장 중시해야 할 나라'(31.7%)로 생각하지만 그 외 다른 분야에서는 중국에 밀리고 있는 것으로 나타난 것이다.

무지(無智)의 소년, 미국

싱가포르 국방전략연구소의 로한 구나라트나 교수는 항공 보안협의회(AVSEC) 기조연설에서 이라크 사태 이후 테러 위협이 100배가량 증가했다고 주장했다. 그는 이라크의 혼란과

이슬람교도에 대한 학대가 지구촌 곳곳에서 새로운 테러리스트를 양산하고 있는데, 테러리스트 한 명을 생포하여 감정적으로 대하면 10명의 다른 테러리스트가 생겨나므로 지혜로운 대처가 필요하다고 역설한다.

잘 다져진 근육질을 자랑하는 근육맨 미국은 유감스럽게도 그 멋진 덩치와는 달리 초등학생과 같은 수준의 두뇌를 지닌 무지(無智)의 소년이라 일컬어지기도 한다. 몸과 정신의 불균형으로 인해 그 엄청난 힘을 주체 못하고 마구 오남용하고 있다. 벼룩 몇 마리 잡는다고 남의 초가산간을 송두리째 태워 버리기 일쑤인 것이다.

미군에 의한 이라크 포로 학대 사건 소식을 필자는 중국에서 접했는데, 이를 바라보는 미국의 최대 잠재 적국인 중국의 쾌재는 굳이 여기에 옮겨 놓을 필요도 없을 것이다. 중국의 관영 CCTV 등은 프라임 타임대에 미국에 의한 천인공노할 횡포를 반복 방영하면서 '미국의 리더십, 위기에 직면'이라는 타이틀의 특별 대담 프로 등을 내보내는 데 열을 올렸다. 사실 유일 패권 대국 미국은 '유일'이라는 말에 걸맞게 막중한 도덕적 책임하에 신중한 언행이 필요하다. 냉전 종식 후 자의건 타의건 초강대국으로 부상한 미국은 세계 질서를 주도해야 하는 막중한 책임을 지게 되었건만, 작금의 미국의 언행이 과연 그 책임에 부합하고 있는지……?

군사력이라는 물리적 측면에서 볼 때 미국이 초강대국임에는 틀림이 없다. 그 단적인 예로 미국이 동아시아에서 중국·

일본·러시아 등 3대 강국과 모두 우호 관계를 견지하고 있다는 점을 들 수 있다. 왜냐하면 이러한 상황은 전례가 없던 것으로 과거에는 세력 균형을 위해 패권국이 그 균형의 중간에 위치하거나 상대적으로 약한 쪽을 지지함으로써 힘의 균형을 유지할 수 있었기 때문이다. 그러나 현재의 미국이라는 국가는 힘의 균형보다는 자신의 독자적 힘에 의존하여 지금과 같은 구도를 그려내고 있을 만큼 강하다.

바로 이런 점 때문에 더욱 우려가 되는 것이다. 막강한 파워에는 그만큼의 책임이 수반되기 마련이다. 그 파워가 커지면 커질수록 그 책임과 도덕성도 그만큼 더욱 증대되어야 마땅하다. 인류 역사는 그것이 제대로 수행되지 않았을 때 어떠한 일들이 전개되어 왔는가를 잘 가르쳐 주고 있다. 미국은 국제사회에서의 현저한 입지 약화와 민심 이반을 남의 탓으로 돌려선 안 된다. 무지(無智)의 근육맨인 미국의 소년성(少年性)에 의한 자업자득이기 때문이다.

미국의 건국관에 비쳐진 세계

미국의 건국 목적에는 '언덕 위의 국가' 건설이라는 의식이 있었다. 언덕 위의 국가란, 신에 의해 선택받은 사람들이 신에게서 부여받은 장소에 건설하는 국가로서 널리 모범이 되어야 하는 집단이다. 그렇다면 이들 언덕 위의 국가에 사는 미국인들의 국제관과 세계관은 과연 어떠한가? 흔히들 미국하면 세계의 중심 국가요 다종다양한 인종과 민족, 관습, 문화가 공존한 만큼 외래적인 것에 대해 관용적이고 융합적일 것으로 생각되는데, 실상도 과연 그럴까?

세계의 중핵 국가 미국, 이를 반영하듯 이민이나 유학 등을 비롯하여 미국으로의 유입은 끊일 줄 모르니 관대하고 개방될 수밖에 없는 미국, 그러나 유감스럽게도 역시 우리의 기대만큼은 아니다. 물론 미국인 전부가 그렇다는 것은 아니다. 뉴욕이나 시카고, L.A. 등 이른바 외국과의 왕래가 빈번한 곳의 사정은 다소 나을 수도 있지만, 외국과의 직접적인 교류 기회가 적은 대부분의 미국인들은 미국이라는 커다란 우물 속의 개구리라고 표현해도 과언이 아니다.

미국인의 '언덕 위의 국가' 관과 광활하고도 풍요로운 국토 자원이 오늘날 미국인의 세계관 형성에 크게 기여했다고 여겨진다. 선택받은 국가이니만큼 지구는 미국을 위해 돌고, 지구상의 다른 모든 국가도 그 미국을 위해 존재하는 것이 당연하다는 듯 여기는 미국인의 세계관. 이러한 의식은 미국인들의 일상생활에서도 뚜렷이 나타난다.

우리는 외국인과 교류할 때 그들의 언어와 관습, 문화 등을 체득하려고 노력하는데 반해 미국인들은 이런 것들에 그리 큰 관심이 없는 듯하다. 따라서 미국인과 교제하려면 미국의 언어를 사용해야 하고, 미국의 관습과 문화에 의거하여 옳고 그름도 결정되어지곤 한다. 이런 식으로 미국의 비위를 잘 맞추면 좋은 국가요 훌륭한 친구가 된다. 비위를 잘 맞추는 부시의 푸들인 영국과 일본 정치인이 그 대표적인 예일 것이다.

한편 미국의 땅덩어리는 너무나 방대하여 미국인 가운데 자신이 태어나서 자란 주(州)를 벗어난 적이 없는 사람들도 많다. 천혜의 자연 자원으로 '등 따숩고 배부른 생활'이 가능한데 구태여 먼 곳의 일까지 관심을 가질 필요가 없다는 논리이다. 이런 전통으로 해서 미국인들 가운데 외국은 고사하고 아직 미국 50개 주의 지정학적 위치도 모르는 사람들이 상당하다. 그러한 그들이니만치 미국 밖의 세상에 대해 잘 알지 못하는 것은 이해도 된다.

미국인을 미국이라는 우물 안에 가둔 채 살찐 개구리로 만드는 일등 공신은 역시 미국의 위정자들과 매스컴이다. 대개의 경우 미국 매스컴에 비친 세계의 모습은 미국보다 열등하고 낙후되었으며, 미국을 동경하는 모습이나 한낱 흥밋거리, 또는 웃어넘길 만한 사안, 아니면 미국에 대한 위협적인 모습들이다. 그러다 보니 자연 미국인들이 세계를 보는 시각과 세계인들이 미국을 보는 시각에는 적지 않은 괴리가 야기된다. 테러 원인에 대한 시각차가 그 대표적인 예다.

필자는 9·11 테러와 같은 불특정 다수를 대상으로 하는 극악무도한 행위는 절대 있어서도 안 되고, 또 절대 정당화될 수도 없다고 생각한다. 해서 여기서는 테러 그 자체에 대한 언급은 생략한다. 주지하다시피 미국은 9·11 테러 및 백색공포로 알려진 탄저균 위협 등 숱한 테러 위협을 받고 또 떨고 있다. 그런데 이 같은 테러의 발생 원인을 많은 미국인들은 단지 미국에 대한 부러움과 질투 때문이라고 생각하는 것 같아 보인다. 따라서 처음에는 대국답게 관대히 용서했지만 점점 그 도가 심해지자 철저하게 응징해야 한다는 입장으로 바뀌고 있다. 그리하여 미국이 '시련을 겪으면 겪을수록' 미국 지상주의는 강해지며, 미국을 택하지 않으면 테러분자요 적이라는 지극히 단순한 흑백 논리로 무장한 부시 정권이 미국민의 열광적인 지지를 받게 되는 것이다. 이런 식으로 미국의 시련이 부시의 인기로 이어지니 부시는 9·11 테러 1주기 인터뷰에서 지난 일 년을 회고하며 "내 생애 최고의 한 해"라고 즐거워하지 않았던가?

미국관과 세계관을 동일시하는 듯한 미국인들의 의식은 미국 체류 20년이 넘은 미국 시민권을 소지한 한 외국인에 의해서도 확인된다. 그에 의하면, 미국인은 미국관으로 세계를 인식하고 있다고 한다. 세계 곳곳에 문제가 일어나고 마찰이 빚어지는 까닭은 미국적인 시스템이 아직 잘 전달되지 않았기 때문이며, 따라서 미국적인 것들을 더 많이 보급하고 전파함으로써 미국과 같은 훌륭한 국가로 발전시켜야 한다는 것이다. 이러한 맥락에서 보면 미국이 그렇게까지 도와주는데도 등에 칼을 꽂는 세계의 배은망덕을 용서할 수 없다고 분노하는 미국인들이나, 이에 따른 미국의 고립주의로의 회귀를 주장하는 미국인들도 이해가 되기는 한다. 제한된 정보만을 기초로 하면 그렇게 될 수도 있다는 말이다.

우민화가 쉬운 미국

미국 같은 초일류 정보 대국 국민들이 아프가니스탄전(戰)이나 이라크전 같은 외국 전쟁을 쉽사리 수용하는 것도 같은 이유에서 이해가 가능하다. 미국은 베트남전이라는 쓰라린 교훈을 가지고 있다. 종군기자들의 활약에 힘입어 당시 전쟁의 비참함이 미국 사회에 그대로 전달되어 결국 거대한 반전(反戰)으로 이어졌다. 이를 잘 간파하고 있는 부시 정권은 전쟁의 진실이 보도됨으로써 야기될 수 있는 반전 분위기를 방지하고자 대(對)아프가니스탄 보복 전쟁을 보도하는 매스컴에 신경을 곤두세웠다. 그 일례를 들어본다.

미국의 대아프카니스탄 보복 전쟁은 9·11 테러로부터 정확히 26일이 지난 2001년 10월 7일 시작되었다. 그 수주 후 보스턴과 워싱턴에 사무소를 둔 광고 대리점 랜던 그룹은 미 국방성 펜타곤과 계약을 체결하였다. 당시 펜타곤의 홍보 대표는 "우리의 전략적 상담에 바로 응해 줄 PR 회사가 필요하다. 우리가 전 세계와 바로 커뮤니케이션이 취해질 수 있도록 조치해 줄 파트너가 필요하기 때문이다."라며 계약 체결 이유를 밝혔다. 랜던 그룹은 CIA를 통해 후세인 전복을 노리는 '이라크 국민회의'의 홍보 활동을 수행하는 등 미국 정부의 PR 회사인 것이다.

이 같은 미국 정부의 PR 전략은 1991년과 2002년의 대이라크전에서도 그대로 활용되었다. 미군의 폭격으로 숨져 나가는 무고한 이라크 인들의 모습보다는 죽인 개의 목을 물어뜯으며 그 피 묻은 입으로 미국에 대해 결사항전을 부르짖는 이라크 인들의 섬뜩한 모습, 장중한 음악을 배경으로 전사한 미군의 생전 모습과 오열하는 가족의 모습 등을 반복적으로 보도하면서 미국인들을 세뇌시키고 있는 것이다. 그뿐이 아니다. 아프간 보복전에서 미국 정부는 아프가니스탄 및 그 주변의 위성방송 독점권을 전부 구입하였다. 이후 미 대통령 안보 보좌관 라이스는 미국 전역의 주류 TV 네트워크 대표들을 불러 모은 자리에서 빈 라덴이 찍힌 비디오테이프를 방영할 때는 반드시 재편집한 후에 방영토록 요청하였다. 빈 라덴이 미국 정부에 요구하는 내용 가운데는 미국 정부에 불리한 것도 있기 때문이다. 물론 이 요청은 미국의 주류 신문사들에게도 해당되는 사항이었다.

미국인들이 신주 단지 모시듯 철저히 신봉하는 미국 헌법, 그 수정 조항에는 표현 및 언론, 집회 결사의 자유가 규정되어 있다. 그것도 제1조에 말이다. 어떠한 역사의 험로 속에서도 소중히 엄수되어 온 그 1조 조항이 이제는 한낱 글자 몇 개 끼적대는 것으로 전락하고 말았다. 9·11 이후 부쩍 눈에 띄는 거리의 성조기들을 바라보며 눈물을 글썽이는 미국인들, 미국에 반하는 테러와 '악의 무리'들에게 응징을 주장하는 위정자들을 열렬히 환호하는 미국인들, 필자가 보기에는 이 미국인들도 미국의 위정자들과 그들의 매스컴이 빚어낸 또 하나의 희생이요 불행이라 여겨져 침통하기 그지없다.

미국의 지나친 물리력 의존이 국제사회에서의 당면 문제를 해결하기는커녕 오히려 문제를 더 복잡하게 만듦으로써 미국 스스로 궁지에 몰리게 됨은 여러 교훈에서 충분히 알 수 있는데도 미국은 그 과오를 재현하고 있다. 물리력만으로는 국제사회의 정치 문제를 풀 수 없음에도 불구하고 이라크에서 또다시 정치 논리를 무시하고 군사 논리만을 적용하는 정책적 오류를 범하고 있는 것이다. 이로써 미국이 얻는 것이라고는 현재의 자질 부족의 지도부 퇴진과 그동안의 정책 오류로 인한 국제사회로부터의 합당한 대가, 즉 민심 이반뿐이다. 미국의 이익에 반하는 자들에게는 인권도 필요 없다는 극단적인 사고와 무소불위로 휘둘러 대는 권력에 동조할 사람들이나 국가는 이 지구촌 어디에도 존재하지 않기 때문이다.

이라크나 팔레스타인에서의 이와 같은 미국의 오류가 동아시아에서도 재현되지 말라는 보장은 없다. 아니, 이미 실추된 이미지를 만회하기 위해 혈안이 되어버린 미국의 입장에서는 국제사회에 내놓을 이렇다 할 실적 만들기에 급급하여 또 다른 무리수를 둘 가능성 역시 배제할 수 없다. 더구나 중국의 덩샤오핑이 이미 1970년대에 포기한 '흑백 편 가르기'를 미국이 21세기인 현재까지 사용하고 있는 점을 감안하면, 미국이라는 나라는 자국의 눈에 다소 거슬리는 행동을 보이면 전통 맹방 관계와는 무관하게 한순간에 등을 돌리며 적대시할지도 모른다. 실제로 최근 들어 미국은 한국 사회의 한·미 동맹을 둘러싼 논의나 중국의 부상을 둘러싼 논의에 대해 전통적인 맹방 국가인 한국 정부에 대해 이렇다 할 정책 협의도 없이 일방 통고로 그 불편한 심기를 드러내고 있지 않은가.

국제법 말살하는 국제경찰, 미국

한편 국제 인권 단체인 앰네스티 인터내셔널(AI)은 연례 보고서를 통해, 현재와 같은 미국 주도의 테러와의 전쟁이 최근 50년 동안 지속적으로 인권과 국제법의 유린을 양산해 왔다고 비난하고 있다. 아이린 칸 AI 사무총장은 미 행정부가 주창한 범세계적 차원의 안전 문제는 이미 통찰력도 잃었고 원칙도 없어진 지 오래라며, 국내에서는 인권이 무시되고 해외에서는 자행된 학대 행위를 외면하는 한편으로 결코 합리화될 수 없는 군사 공격을 일삼아 전 세계는 정의와 자유가 침해된, 지극히 위험한 상태가 되었다고 개탄하고 있다.

이어서 같은 보고서는, 패권국 미국의 부도덕한 전횡으로 말미암은 부작용이 전 세계 곳곳에서 감지되기 시작했다며 스페인과 프랑스, 우즈베키스탄을 비롯한 몇몇 국가들이 2001년 9·11테러 이후 '억압적인' 반(反)테러 입법과 자유 제한 조치를 도입했다는 예를 들고 있다. 특히 영국은 기소나 재판 없이 무기한 억류를 허용하는 반테러 법률에 따라 14명의 외국인을 억류하고 있다고 밝히고 있다.

계속해서 동 보고서는, 러시아 보안군이 체첸공화국에서 아무런 제재 없이 인권과 국제법을 심각하게 위반하고 있다고 지적하면서, 중국에서는 후진타오 국가 주석 취임 이후에도 고문과 다른 가혹 행위를 종식시키기 위한 '의미 있는 시도'가 없었다고 개탄하고 있다. 이 밖에도 최근 역사에서 인권에 대한 가장 큰 도전이라고 할 수 있는, 이라크 상황과 대(對)테러 전쟁 때문에 많은 개발도상국들이 가난 퇴치 대신 무기 구입에 연간 수십억 달러를 쏟아 붓는 상황이 가려지고 있다고 강조하고 있다.

이 모든 것은 바로 부도덕으로 점철된 가장에 의해 빚어진 한 가정의 처참한 모습과 다를 바 없다. 결국 가장인 미국이 무엇보다 먼저 스스로 변화하지 않는 한 국제사회에서의 민심 이반은 미국을 더욱 어려운 곤경 속으로 몰고 갈 것임은 불 보듯 뻔하다.

국제정치는 유감스럽게도 '힘의 정치'이다. '힘을 위한 투쟁'과 '힘에 의한 통치', 즉 국제정치는 기본적으로 역학 관계에 따라 결정되는 것이 사실이다. 그렇다고 힘이 국제정치의 전부는 아니다. 국제정치도 궁극적으로 인간이 하는 일이기에 인간의 목적의식을 떠나서는 생각할 수 없다. 국제정치도 도덕성과 불가분의 관계에 있고, 도덕성 없는 행동은 타국의 지지는커녕 오히려 불신과 저항에 직면하기 쉽다.

세계 유일 패권국 미국은 현재 심각한 도덕적 위기에 빠져 있다. 스스로 자초한 일이지만 그렇다고 수수방관할 수만은 없는 노릇이다. 미국이 도덕성을 회복하지 못하고 급격히 쓰러져 버린다면 미국뿐 아니라 세계 질서에도 적잖은 혼란이 초래될 수 있기 때문이다.

　바로 이 같은 도덕적 리더십의 위기에다 심각한 민심 이반까지 겪고 있는 미국과 지금의 국제 정세를 고려하더라도 우리는 이미 시효가 다한 20세기 전반기의 미국 일변도 외교 전략을 재검토해야 한다. 이는 지극히 냉정한 이야기이다. 하지만 국제사회는 더욱 냉정하다. 미국이 자신들의 국익을 제쳐놓고 우리의 국익을 우선시할 리는 만무하다. 이와 같은 맥락에서도 우리는 우리의 국익을 최대화하고 현시점에 합당한 '새로운 21세기의 외교 전략'을 수립해 나가야 한다. 결국 내 가정은 내가, 우리 사회는 우리 성원들이, 나아가 우리 국가는 우리 국민 스스로의 힘으로 지켜야 함이 당연하지 않은가.

중국 대 일본

"중국과 같은 국가에선 제대로 된 재판조차 기대할 수 없다. 교도소 안팎에서의 인권 역시 상상조차 하기 힘들 정도다. 이에 비해 일본의 교도소는 천국이 아닌가." 일본 자민당의 한 중견 의원이 일본 국내 문제와 관련한 언급에서 난데없이 불거져 나온 황당한 발언이다. 그렇지 않아도 대일 문제에 가뜩이나 속이 뒤틀려 있는 중국으로서는 이로 인해 더욱 자극을 받게 되는데, 여하튼 이 발언은 최근 양국 관계에 대한 일본의 불편한 심기를 잘 반영하는 것이기도 하다.

"과거에 똑같이 침략을 자행했어도 독일 지도자들은 과거 문제를 잘 마무리했는데 유독 당신네 일본만 제대로 못하고 있다. 일본으로 돌아가 당신네 정치 지도자들에게 물어보는 것이 어떤가?" 어떤 일에도 앞에 잘 나서지 않는 것[凡事不當頭]을 외교상의 중요 원칙으로 삼고 있는 중국의 리자오싱[李肇星] 외교부장(우리나라의 외교부 장관에 해당함)이 일본 기자의 "중·일 관계를 개선하기 위한 방안이 있는가?"라는 질문에 일침을 가한 대답이다. 옆집 아저씨처럼 푸근한 웃음이 친근하게 느껴지는 그마저 이런 태도를 보였다는 것은 대일 외교에 대한 중국의 인내가 한 치 앞을 내다보기 힘든 상황에 이르고 있음을 보여 주는 한 예라 할 수 있다.

한편 일본 자위대는 2004년 국방백서를 통해 중국의 군사력 확대를 경계해야 한다는 '중국 위협론'을 공식적으로 제기하였다. 홍콩의 밍바오[明報]에 의하면, 일본의 국방백서는 "중국이 핵무기와 미사일을 핵심으로 한 양보다 질 위주로 해·공군 현대화를 진행하고 있다."며 "중국의 첨단 군사 기술은 일본의 안보에 중대한 위협 요인이 될 것이므로 면밀히 관찰해야 한다."고 경계하고 있다.

이와 같이 현재 중·일 양국 관계는 상당히 우려되는 수위에 놓여 있다. 우리가 한국 내에서 매스컴을 통해 느끼는 것보다 실제로 양 당사국에서 접하는 민심과, 양 당사국의 매스컴을 통해 보는 상대국에 대한 인식은 더욱 험악하다. 양국의 이런 으르렁거림은 특히 고이즈미 현 일본 수상 집권 후 강행하고 있는 야스쿠니 신사 참배로 더욱 악화되었다.

이와 같은 양국의 험악함과 실생활을 통해서 느끼는 양국의 민심, 즉 양국 국민들의 상대에 대한 인식과 심경, 그리고 그로 인해 예견 가능한 양국 관계에 대해서 알아보기로 한다.

역사를 속일 수 없는 양국 관계

사실 중국과 일본의 대립은 어제오늘의 얘기가 아니다. 동아시아 역사의 흐름 속에는 양국의 으르렁거림이 잘 나타나 있다. 6,7세기 일본의 쇼토쿠 태자는 중국의 수양제에게 견당사(遣唐使 : 630~894년에 걸쳐 전후 15차례 일본에서 당나라에 보낸 사절)와 함께 "日出處天子"(동녘의 해 뜨는 나라 일본의 천자가 서녘의 해 지는 나라 천자에게 서신을 보낸다)라는 내용이 담긴 국서를 보낸다. 이 국서에서 일본은 조공을 하고 있는 한반도 국가들과는 달리 중국 대륙과 대등한 관계임을 나타내려 한 것으로 일본 학자들은 해석하고 있다. 또한 토요토미 히데요시는 명나라로부터 일본의 국왕에 봉한다는 국서를 받고 화를 냈다고 한다. 감히 누가 자기를 국왕에 임명하고 말고 할 수 있겠느냐는 것이다. 물론 일본도 여러 번에 걸쳐 견당사를 보내 중국을 배우려고 노력한 것 역시 사실이다. 하지만 바다로 둘러싸인 지정학적 '불리함' 등으로 이도 여의치 않자 태도를 바꿔 결코 중국 대륙에 뒤지지 않는 독자적 문화가 있음을 부각시키기 위한 길을 걷게 된다. 한반도와는 달리 바다라는 천연 방벽 때문에 대륙으로부터의 침략에서 자유로울 수 있었던 일본은 역사를 통해 자신들이 중국 대륙과 동등한 관계였음을 강조하려고 노력한 것은 사실이다. 근대사의 '탈아론(脫亞論)'도 이와 같이 중국 대륙을 의식하며 대립의 역사를 그려 온 일본의 모습으로부터 한 배경을 찾는 학자도 있으니, 이렇듯 양국의 대립은 그 유서가 깊다 할 수 있다.

한편 현대에 이르러 중국은 장쩌민 국가 주석 집권 당시 일본 고이즈미 수상의 중국 방문을 거부한 바 있다. 야스쿠니 신사 참배가 주된 이유였다. 하지만 이런 극단적인 조치는 중국에도 결코 득이 되지 않는다.

이후 장쩌민 체제가 후진타오 등 이른바 '제4세대' 지도부 체제로 바뀌게 되면서 중국의 강경한 대일 외교에 약간의 변화 조짐이 나타난다. 이에 대해 전문가들 일각에서는 후진타오 국가 주석에 의해 제시되었던 중국의 신사고(新思考) 대일 외교 구상을 실천에 옮기는 실용주의 전략의 일환이라고 평가한다. 하지만 실상을 보면 그 이면에는 중국의 다급함이 엿보인다. 다시 말해서 일본의 과거사 문제와 헌법 개정 동향 등을 보면 속 시원히 대하고 싶은 마음 굴뚝같지만, 중국의 체제 유지상 필요한 지속적인 경제 발전을 위해선 감정에만 매달릴 수 없는 상황이기 때문이다. 이는 중국의 국가 전략을 보면 잘 알 수 있다.

현재 중국의 국가 전략은 한마디로 '선경제발전, 후정치·군사강국'으로 요약할 수 있다. 중국 공산당이 내세우는 '2020년까지 샤오캉[小康 : 어느 정도의 여유로운 생활] 사회 건설'을 위해서도, 또 부의 불평등과 편중 현상의 심화로 인한 민심동요와 그로 인한 사회 불안정 및 체제 유지 등을 위해서도 중국은 상당 기간 최소 연 7% 이상의 경제 발전을 이룩하지 않으면 안 된다. 일반적으로 경제 발전은 곧 정치·군사 강대국을 향한 필수 전제이기도 하다. 이 같은 맥락에서 중국 집권층의 북핵 관련 6자 회담 성사를 위한 분주한 움직임이나 북한 김정일의 방중(訪中)에 대한 상당한 배려 등도 모두 자국의 경제 발전을 위한 최적의 환경 조성에 필요했기 때문이다.

아직도 세계 최대의 경제 대국 일본에게 중국이라는 나라는 싫건 좋건 간에 끌어안아 최대한 활용하지 않으면 안 되는 존재이다. 실제로 일본은 중국의 최대 경제 파트너로서 중·일 양국의 2004년 상반기 교역 규모는 이미 지난해 같은 기간보다 36.1% 증가한 609억 달러를 기록했고, 2005년에는 1,300억 달러를 넘어설 것으로 중국 상무부는 예상하고 있다. 이 점은 일본에도 동일하게 적용된다. 중국은 일본의 가장 큰 시장인 동시에 이제 막 회생하고 있는 일본 경제의 매우 중요한 성장 전략 돌파구로서 그 비중이 높아지고 있다. 험악한 정치 관계의 불똥이 자칫 잘못 튀어 경제 관계에 손상을 입힐까 봐 일본도 나름대로 불만이 있지만 꾹 참을 수밖에 없는 형국이다.

그런가 하면 중국 측에서 바라볼 때 일본은 또 다른 의미에서 중요한 나라이다. 나날이 거세지고 있는 중국에 대한 미국의 '부당한' 요구와 '횡포'(중국인의 표현임)에 대해 중국은 중·일 간의 경제 관계 강화를 잘 활용하는 전략을 추진 중에 있다. 즉, 중국은 일본 경제의 대(對)중국 의존도를 더욱 심화시킴으로써 필요할 때는 일본 경제계를 통해 일본 정계에 압력을 행사하고, 더 나아가 미국으로 그 영향력을 확대하려는 것이다. 더 나아가 일단 유사시에는 일본 경제의 목을 직접 조임으로써 중국의 안보에 최대 위협 요인이 될 수 있는 미·일 동맹 관계에서의 일본의 과도한 접근을 차단하는 데도 활용한다는 것이다.

이 전략은 실제로 중국의 여기저기에서 접할 수 있다. 상하이 국제문제연구소의 루깡[陸鋼] 연구원에 의하면, 중국 지도부는 현재 미국의 집요한 '중국 포위 전략'에 대한 일본의 역할과 비중을 예의 주시하고, 그에 대한 다각적인 대응책을 마련 중이라고 한다. 최근 들어 부쩍 분주해진 중국의 대(對)러시아, 대중앙아시아, 대유럽 국가들과의 관계 강화 움직임도 바로 이 같은 맥락에서 이해가 가능하다.

요약하자면, 중국은 국내외적으로 생존의 관건이 되는 경제 발전을 위해 일본이 반드시 필요하다. 마찬가지로 일본도 자국의 경제 회생을 위해 중국이라는 요소가 필수불가결하다. 그렇기 때문에 대일 관계에서 중국은 그들 표현대로 '환관 내시 국가' 일본과 상대하고 싶지는 않지만 어쩔 수 없이 참고 있는 것이다.

정치는 冷, 경제는 熱, 국민감정은 戰爭중

그런데 중국이 점차 인내력에 한계를 느끼기 시작한다. 중국 내의 반일 감정이라는 국민감정을 계속 무시할 수 없는 처

지인 중국 정부는 결국 일본의 '버릇 고치기'에 나선다. 신사 고 전략하에 유연한 대일 외교를 견지하던 후진타오 국가 주석은, 고이즈미 준이치로 총리의 야스쿠니 신사 참배 강행과 댜오위타이[釣魚台, 일본명 센카쿠열도] 상륙 등으로 중국 내의 반일 감정이 더욱 고조된 것과 일본이 2004년 3월 중의원 안전보장위원회에서 이 섬에 대한 영유권을 주장하는 결의안을 통과시킨 것을 계기로 일본과의 주요 외교 일정을 취소하는 등 강경 조치에 돌입한다.

그 한 예로, 지난 3월 베이징[北京]에서 열릴 예정이던 2004년 대중국 엔 차관 조인식에 참석하기로 되어 있던 중국 측 고위 인사가 공사다망이라는 이유를 들어 참석이 불가능하다며 행사 불과 몇 시간 전에 일방 통보한 바 있다. 매년 한 차례씩 가진 의례적인 행사에 바쁜 일정을 구실로 불참한 것은 중국의 고의라고밖에 볼 수 없다. 물론 이에 대해 일본도 도움받는 측의 불손함을 이유로 엔 차관의 전면 중지를 주장하는 등 불쾌한 기색을 감추지 않았다.

그뿐 아니라 일본의 가와구치 외상의 방중(訪中) 예정 며칠 전까지도 스케줄 등을 일본 측에 알려 주지 않아 일본 외무성을 당혹케 하였다(결국 중국 측의 양보(?)로 외상의 방중은 성사되지만 일행을 맞이한 것은 냉랭함과 무정함뿐이었다).

한술 더 떠 도쿄신문[東京新聞]에 의하면, 고이즈미라는 한 개인으로 인해 양국 관계가 경색되었으므로 앞으로 중·일 관계에는 고이즈미 총리를 제외하고 추진하자는 웃지 못할 의견을 중국은 일본 측에 제기해 왔다고 한다. 오죽하면 한쪽의 수뇌를 제외한 양국 관계라는 전대미문의 주장까지 제기했겠는가? 그만큼 중국의 대일관은 껄끄럽고 불쾌하기 그지없다.

한편 양국 정부 간의 신경전은 서서히 양국의 경제계와 민간 교류에도 영향을 끼치기 시작하였다. 최근의 한 예로, 중국의 쩡칭훙[曾慶紅] 국가 부주석이 일본의 통신그룹 교세라의 명예회장 이나모리 가즈오[稻盛和夫] 일행과의 면담을 확정 발표한 다음날 바로 취소시킨 적도 있다. 실용주의와 체면을 중시하는 중국 당국이 이미 확정 발표된 고위급 면담을 취소한다는 것은 극히 이례적인 일이다. 그뿐이 아니다. 중국이 현재 추진 중인 베이징·상하이 간 중국판 고속철도 유치전에서 강력한 후보였던 일본의 신칸센이 양국 간의 정치 한파에 의해 사실상 탈락된 일도 있다. 중국의 이 같은 신경질적인 반응에 대해 일본 측에서도 적지 않은 항의와 반발이 터져 나왔음은 말할 것도 없다. 그런데 더욱 심각한 것은 양국 정치권의 이런 반응과는 별도로 양국 국민들 간에도 서로에 대한 감정이 나날이 악화되고 있다는 점이다.

'日本鬼子' 일색인 중국의 인터넷

먼저 중국의 일반 라오빠이싱[老百姓 : 국민들]의 일본에 대한 인상을 한 번 살펴보자.

댜오위타이(일본명 센카쿠제도) 군도를 둘러싼 일본의 반응과 일본 수상의 야스쿠니 참배, 그리고 일본 내에서 과거사 관련 망언 등이 나올 때마다 중국 전역의 반일 감정은 점차 그 수위를 높여 간다. 더 보태어 2003년 8월 중국 동북지방에서 과거 일본군이 유기한 독가스탄이 터져 인명 피해가 발생한 사건, 같은 해 9월에 광둥[廣東]성에서 수백 명의 일본인들이 매춘 파티를 연 사실 등이 알려지면서 중국의 반일 감정은 걷잡을 수 없이 고조된다. 이들 중국인들은 중국 내 일본 대사관 앞에서 일장기를 찢으며 항의하는가 하면, 중국 내 여러 곳에서 격렬한 시위를 전개하였다. 그뿐 아니라 중국인들은 각종 인터넷 사이트를 통해 일본을 규탄하고 또 일본 제품 불매 운동을 주장하고 있는데, 이런 사이트가 나날이 늘어나고 그 동조자들 또한 급증하고 있다. 중국의 인터넷 사이트 '애국자동맹 인터넷'은 중국인 청년 몇 명이 일본이 실력으로 점거하고 있는 센카쿠[尖閣]제도에 상륙할 때 그 모습을 실황 중계까지 하여 중국인들의 폭발적인 지지를 받았다.

필자의 지인 중 한 사람인 중국인 교수에 의하면, 실제로 그동안 중국과 일본 양국 모두 달리 뾰족한 해결책이 없는 댜오위타이 문제가 서로에게 좋을 것이 없음을 알고는 가급적이 문제를 부각시키지 않으려 노력해 왔다고 한다. 그런데도 일반인들에 의해 영토 문제가 불거져 나오고 또 이것이 지국의 민족주의로 연결되면, 양국 정부도 자국의 국민감정을 고려한 정책을 취하지 않을 수 없게 된다고 한다. 이처럼 악화 일로의 양국 국민감정이 영토 문제와 같은 민감한 사안과 결부되면 두 나라 모두 자국 내에서 고조되는 민족주의의 압력을 무시하기 힘들게 된다.

그런데 여기서 한 가지 잘 알려지지 않은 것이 있다. 민족주의의 분출과 그로 인한 우려는 중국이 결코 일본 못지않다는 점이다. 결코 일본의 우익화를 과소평가하는 것은 아니다. 하지만 제2차 세계대전 패전 후 진주한 연합군사령부의 이른바 '일본인의 애국심 못 갖게 하기' 정책 등에 힘 입어 일본 사회 내에서는 아직도 애국심 교육을 둘러싼 대립이 심각하다. 즉, 우익이 있다지만 결코 이에 못지않은, 아니 훨씬 더 많은 건전한 일본인들이 있고, 또 이들은 과거 일본 사회의 과오에 대해 알레르기를 아직도 깊이 간직하고 있다. 지금의 일본은 과거의 일본처럼 그렇게 간단히 '우향우'가 되지 않는다. 침묵하는, 하지만 살아 있는 더욱 많은 일본의 양심들이 일본 열도를 지키고 있기 때문이다.

중국인의 위험한 애국·애족주의

그에 비해 중국은 어떤가? 중국의 기차역 구내 혹은 공공건물에선 이따금 "와!" 하며 탄성 소리가 터져 나온다. 다름 아닌 중국 팀과 다른 나라 팀과의 스포츠 경기를 관람하면서 중국인들이 내지르는 환호성이다. 평상시에는 개인주의가 극심한 중국인이지만 국가와 관련해서는 금방 하나가 된다. 이 같은 강한 응집력과 민족주의적 현상은 현재 중국의 젊은 세대들에게서 더욱 심하게 나타나고 있다. 이들은 경우에 따라서는 자신들을 키워 준 중국 당국에게조차 들이대기도 한다. 여기서 우려되는 점은 이러한 중국인들의 '다듬어지지 않은' 지나치게 배타적인 애국·민족주의를 경계하고 견제하고 다듬어줄 이렇다 할 다른 축이 중국에는 아직 존재하지 않은 듯하며, 따라서 유사시에는 이들의 민족주의가 일본보다 더 위험하게 분출될 수도 있다는 점이다.

이와 같이 양국의 '과거'는 일본 정객들의 구태와 중국 당국의 교묘한 이용 등으로 풀리기는커녕 오히려 더욱 얽히고설킨 채 양국의 민초들 특히 젊은 세대들의 미래조차 심각한 경색 국면으로 빠트리고 있다. 필자가 일본에 거주하면서 한·일 관계에서 가장 우려했던 것 중 하나는 청산되지 못한 양국 간의 과거 때문에 양국 국민 간의 감정의 골이 점점 더 깊어진다는 것이었다. 지금은 비록 한류 등의 영향으로 다소 완화되기는 했지만 마음속 깊이 자리 잡은 간극이 한순간에 해소될 리는 만무하다. 필자도 한때는 그 많은 일본 거주 외국인 가운데 오로지 '한국인'이라는 이유로 경계하려는 일본인들 때문에 양국 간의 관계에 대해 심각하게 고민한 적이 있다. 그 결과 하나의 발전적 해법으로 현재의 한·일 아시아기금 (www.iloveasiafund.com)을 발족하기도 했다. 이와 같은 양국 국민 간의 간극이 중·일 간에서도 심각하게 나타나고 있는 것이다. 피부로 느껴지는 중국과 일본 국민들 간의 심정적 괴리는 한·일 간의 그것보다 그 도가 훨씬 심해 보인다. 물론 여기에는 일본의 대한관(對韓觀)과 대중관(對中觀)의 차이도 무시할 수는 없다. 일본의 많은 여론조사에서 이미 밝혀진 바와 같이 '일본이 가장 두려워하고 경계하는 국가는 중국'이라는 점에서도 잘 알 수 있다. 하지만 이유야 어찌 되었든 이러한 경색은 비단 양국 관계뿐 아니라 우리 한반도에도 바람직하지 않은 현상이다.

필자가 미국이나 중국 현지에서 느낀 바로는 한·일 또는 중·일 관계를 어렵게 하는 것은 일본 정치인들의 편협함에서 비롯되고, 또 그들의 소아적 행태로 곪게 되며, 그 해결 또한 그들로부터 비롯될 수밖에 없다는 것이 결론이다. 그렇지만 작금의 일본 정계를 보면 해결은커녕 더 이상 발목이나 잡지 않기를 바랄 뿐이다. 실로 안타까운 일이 아닐 수 없다.

중국 대 미국

21세기 초, 이데올로기의 대립이 사라진 뒤 세계 유일 초강대국으로 등극한 미국은 자신의 패권에 도전할 '잠재 적국'으로 중국을 꼽고 있다. 미국의 우려에는 그만한 이유가 있긴 하다. 영토, 인구, 자원, 경제력 등에서 중국은 충분히 21세기의 패권 후보국이 될 가능성이 있기 때문이다. 그래서 서로 악수와 미소를 교환하면서도 양국 사이에는 항상 서늘한 긴장감이 감돌고 있는 것이다. 그렇다면 두 나라는 서로에게 어떤 나라인가? 그들의 표현대로 전략적 파트너인가, 아니면 라이벌에 불과한가?

미래를 내건 과거와 현재의 다툼

부시 정권의 '대중(對中) 전략 기조'는, 2002년 9월에 발표한 "미국은 강력하고 평화적이며 번영하는 중국의 부상을 환영한다."라는 미국의 '국가안보전략보고서'에서 잘 나타나고 있다.

이를 증명이라도 하듯 최근 수년간의 미국과 중국의 관계는 최상의 상태를 견지하고 있다는 것이 전문가들의 평이다. 실제로 최근의 양국 관계는 콜린 파월 미 국무장관이 2003년 9월에 행한 "미·중 관계는 리처드 닉슨 전 대통령의 중국 방문 이후 최고 수준"이라는 연설, 그리고 9·11 테러 이후 조지 W. 부시 미 대통령이 중국과 가진 여섯 차례의 정상회담 숫자만으로도 잘 알 수 있다. 중국은 부시 정권이 주도하는 CSI (Container Security Initiative : 대량살상무기 확산 방지를 위한 컨테이너 화물 검색 체제)에 공식 가입하는가 하면, 중국 베이징에 FBI 사무소를 두도록 배려하는 등 최상의 우호 관계를 구가하고 있다.

그럼에도 불구하고 중국의 경제적 약진이 거듭될수록 미국의 초조함 역시 동반 상승됨을 부인하기 힘들다. 이미 UN에서 안전보장이사회 상임이사국으로서의 거부권을 지니고 있는 중국은 경제의 UN이라고 할 세계무역기구(WTO)에 가입, 전 세계 인구의 70%를 차지하는 개발도상국들의 맹주로서 발언권을 높이며 정치·경제 양측에서 미국의 패권적 지위를 흔들려 하고 있다. 따라서 미국의 중국 견제와 중국 조이기는 더욱 치열해질 수밖에 없는 것이다.

이처럼 나날이 더해만 가는 미국의 초조함은 미 외교협의회(CFR) 산하 아시아연구소 소장 엘리자베스 이코노미가 미국의 외교 전문지 「포린 어페어스」에 기고한 글에서도 잘 나타나고 있다.

이 글에서 그는, 중국에 대한 "포용 정책을 깨지 마라(Don't Break the Engagement)."고 조언하면서 조만간 양국의 고요함이 깨지면서 미국의 대중(對中) 정책에 대한 논란이 뜨거워지게 될 것으로 예상하고 있다. 이 점을 잘 간파하고 있는 중국 역시 언제든지 미국이 다른 무언가를 들고 나올 것이라는 생각에 긴장감을 늦추지 않고 있다. 이처럼 지금의 양국관계는 그야말로 폭풍 전야의 고요함이라 할 수 있는 것이다.

물어도 물 수 없고 물려도 물리지 않았다

사실 현재와 같은 국제 역학 관계상 미국의 중국 경계는 언제 표면화되더라도 이상할 것이 없다. 이 점은 미국 조지타운대학 정치학과 교수 빅터 차의 "부시 정권 내 강경론자들은 결코 중국의 부상을 환영하지 않는다."라는 솔직한 한마디로 충분히 파악된다. 양국 관계를 '건설적인 전략적 동반자 관계'로 규정했던 전임 클린턴 행정부와는 달리 부시 정권은 2000년 대선 당시 중국을 '전략적 경쟁사'로 규정했다는 큰 틀을 보아도 쉽사리 알 수 있다. 이와 같은 부시의 대중국 인식을 잘 보여 준 사례 중 하나가 바로 2001년 4월 남중국해 상공에서 발생한 미 정찰기와 중국 전투기 충돌 사건이다. 이 사건은 급부상하는 중국에 대한 미국의 견제라는 측면과 함께 경제 발전과 더불어 급속히 고조되고 있는 중국 내지 중화민족적 자존심이 빚어낸 충돌이라는 해석이 가능하다.

그런데 작금의 국제 정세를 감안할 때 미국의 이 같은 중국 견제는 미국의 대중국 정책의 본질적 변화로까지 이어지기는 어려워 보인다. 철저한 실용주의 국가인 양국은 양국 사이에 있는 이러한 갈등 요인 외에 최대 수출 시장이요 최대 투자국 이라는 쌍무적 협력 관계의 중요성도 잘 인식하고 있기 때문이다. 게다가 중국의 입장에서 볼 때 동아시아의 구조적 안정 이야말로 중국 생존의 관건인 지속적 경제 발전의 선결 조건이며, 이를 위해서는 싫건 좋건 미국의 협조가 필요하다. 미국 역시 혹 있을지 모를 군사 대국화한 일본의 반항이나 북한에 대한 견제 등을 위해서 중국의 협조가 필요하다. 이와 같은 복잡한 요인 속에서 양국은 총체적 협력을 하면서도 직·간접적으로 상호 견제하는 복잡한 양상을 보이고 있다. 그야말로 입에 물어도 깨물 수 없고 물렸어도 물리지 않은 양국 관계인 것이다.

그렇다면 양국의 이러한 심정을 현재의 동북아시아 상황에 대입하여 그 예상되는 모습을 한 번 생각해 보자.

중국의 천찌에화[陳潔華] 교수의 표현처럼 우선 미국은 "충실한 일본을 활용함으로써 더럽고 힘든 일은 일본에게 시키고 자신은 손도 더럽히지 않고 효과적으로 중국을 견제"하려 할 것이다. 즉, 일본 내의 '중국 위협론'을 적극 고조시켜 활용한다는 것으로, 이를 단적으로 보여 주는 예가 현재 급속히 추진되고 있는 미·일 동맹 강화이다. 미국의 이 같은 중국 견제 움직임에 대해 중국 역시 러시아와 인도, 그리고 여타 아시아 국가들과의 관계를 강화하면서 미국과 일본을 경계하려 들 것이다. 실제로 중국의 이러한 움직임은 필자가 재직하고 있는 중국 대학의 러시아 관계 연구소 소장이나 유럽·아시아 관계 연구소 전문가들의 잦은 출장 및 외국 인사들의 잦은 초빙 등으로도 충분히 감지되고 있다. 중국의 이런 움직임에 의해 러시아의 푸틴 대통령은 2002년 12월에 이어 2004년 10월에도 중국을 방문했으며, 또 2004년 6월 우즈베키스탄의 수도 타슈켄트에서 개최되는 상하이 협력기구(SCO) 정상회의에서 후진타오[胡錦濤] 중국 국가 주석과 정상회담을 갖는 등, 중국과 러시아 양국도 밀월 관계를 구축하고 있다. 이와 같이 한반도를 둘러싼 동아시아에서 어떠한 충격적인 돌발 변수가 발생되지 않는 한, 미·중 양국의 정중동의 치열한 자웅 겨루기는 한동안 지속될 것으로 전망된다.

미국·중국과 북한·대만 문제

한편 동아시아에는 현재 미국과 중국이 신경전을 벌이는 두 개의 구체적인 현안이 있으니, 바로 북한 핵 문제와 대만 문제이다. 대만 문제에 대해 중국인들과 대화를 나누다 보면 상당수는 미국이 북한 핵 문제를 대만 문제와 연결 지어 중국과의 '빅딜'을 기도한다고 생각하는 것 같다. 즉, 중국인들이 보건대 미국은 자국의 국익 차원에서 북한 핵 문제는 해결보다는 현 상태 유지가 유리하다고 생각하며, 북한 핵 문제 해결을 위해 노력하는 척하지만 실상은 그렇지 않다는 것이다. 그 근거로 미국이 동아시아에 미군을 계속 주둔시켜야 미국의 군수 산업을 유지할 수 있다는 점, 이는 미군의 대량 실업 방지와 맥을 같이 한다는 점, 또한 이를 통해 미국의 미사일방어체제(MD) 등의 계획을 차질 없이 진행시킬 수 있을 것이라는 점 등을 들고 있다.

그러나 대만 문제에 대한 미국의 역할을 기대하고 있는 중국으로서는 미국에 대해 이런 불쾌감을 겉으로 드러내지는 않고 있다. 오히려 북한 핵이 동아시아 평화에 역행한다는 이유로 핵 문제 해결을 위한 중계 역할에 적극 나서는 모습을 연출하고 있다. 중국은 중국 나름대로 북한 핵 문제에 관해 미국을 도와주면 대만 문제에 관해서 미국이 중국에 유리한 쪽으로 손을 들어 주지 않을까 하는 속셈이다.

이와 같이 현재 한반도를 둘러싸고 과거의 중화(中華)를 부활시키려는 중국과 현재의 위상을 고수하려는 미국, 양대 패권국의 치열한 신경전이 전개되고 있다. 그리고 이러한 국제 정세는 우리로 하여금 종속(미국)과 사대(중국)를 뛰어넘어 우리의 국가안보와 국익의 극대화를 위해 중견 국가로서 우리가 취할 수 있는 모든 국력을 결집하고 지혜를 모아나가도록 요청하고 있는 것이다.

미국 대 일본

일본 정부는 현재 미국 정부의 비공식 요청을 받아 육상자위대를 이라크에 이어 아프가니스탄에도 파견하는 방안을 적극 검토 중이라고 한다. 그런데 자위대의 파견은 일본의 현행 평화헌법 위반을 의미하는 것이다.

일본의 요미우리신문에 의하면 미국과 일본 정부는 현재 공동 개발 중인 요격미사일을 2005년에 시험 제작, 발사할 것이라고 한다. 미 국방부와 일 방위청은 해상배치형 MD(미사일방어체제) 도입을 목표로 1998년부터 미사일을 공동 개발해왔는데, 이번에 발표한 2005년의 실험은 그 첫 번째 가시적 성과이다. 아울러 미국 정부는 현재 진행 중인 미군 재배치 방안의 일환으로 일본 오키나와 주둔 해병대 병력을 일본 본토

내의 한 기지로 이동할 계획인 것으로 알려졌다.

주일 미군 측의 한 고위 관계자는 자위대의 군사적 능력을 향상시키려는 일본 정부의 뜻을 받아들여 합동 훈련을 강화하고 있다면서, "병력을 순환 배치 또는 영구 배치의 형태로 일본 본토로 이동시키면 자위대와의 관계가 더욱 강화되고, 미·일 동맹은 더욱 견고하게 될 것이다."라고 강조하고 있다. 이와 같이 현재 미국과 일본 양국은 1854년 미국의 페리 제독에 의한 일본의 개국 이래 최고의 밀월 관계를 구가하고 있다.

고이즈미 총리의 영문판 e-메일 뉴스레터에도 현재의 미·일 양국 관계가 잘 드러나 있다. 여기에는 하워드 베이커 주일 미 대사가 기고한 "미·일 양국이라는 '최고의 팀'은 최근 더없이 화기애애한 양국 관계를 구축하고 있다."라는 찬사가 크게 게재되어 있고, 이에 대한 고이즈미 수상의 "양호한 양국 관계를 더욱 확고히 지켜 나가자."라는 친절한 화답이 자리를 함께하고 있다.

그런데 여기서 한 가지 짚고 넘어가야 할 것이 있다. 물론 양국 정치 지도자들의 이 같은 뜨거운 열정에 대해 왈가왈부하고 싶지는 않다. 하지만 적어도 그들은 그들의 행위로 기인되는 타국의 영향 등에 대해서도 마땅히 고려해야 한다는 점이다. 그것이 바로 대국다움인 것이다. 양국의 밀월 관계로 인해 아시아의 양분이라는 우려가 제기되고 있기 때문이다.

실제로 미국의 뉴욕타임스는 미국이 추진 중인 미사일방위체제(MD)에 아시아의 일부 동맹국들이 참여, 참가국과 비참가국들로 양분되고 있다고 우려하고 있다. 뉴욕타임스에 의하면, 일본 등 참가국들은 MD의 방어적 성격을 강조하지만 비참가국들은 MD로 인한 역내 불안정과 불필요한 군비경쟁의 심화를 우려하고 있다. 특히 일본의 경우 이지스 기반의 요격미사일 '스탠더드 미사일-3(SM3)'를 5회에 걸쳐 미국과 공동 시험, 네 차례 성공한 데 이어 조만간 성능이 더욱 개선된 미사일을 공동 시험할 예정에 있다. 또한 MD 구축에 필요한 핵심 부품을 일본이 미국과 공동 생산하게 되면 이 체제에 참가하는 타국에도 이들 부품이 수출될 가능성이 크며, 그렇게 되면 현행 일본의 평화헌법의 핵심 원칙 가운데 하나인 무기 수출 금지 조항을 어기는 결과가 된다. 이처럼 미국은 자기네가 제정해 준 평화헌법을 이제는 스스로 위반하게끔 일본을 부추기고 있으며, 일본은 자국 헌법을 자국 정부 스스로 정면으로 위반하려 들고 있다.

한편 동아시아 각국의 정책 당국자나 국제 문제 전문가들도 일본에서 강화되고 있는 대미 일변도 외교정책에 대해 불만과 의아심을 품고 있는 것으로 사료된다. 이들은 "미국만이 국가는 아니다. 일본은 아시아에서도 위상에 맞는 역할을 해야 한다."며 일본에 불만을 터트리고 있다. 아울러 이들 전문가들은 일본의 대미 집착 외교에 대해 미국을 등에 업고 자위대를 해외에 파병하거나 헌법 개정을 추진하는 일본의 궁극적 목적은 일본의 군사 대국화일 것이라고 우려하고 있다. 그럼에도 불구하고 일본이 이다지도 미국 일변도의 외교정책에 매

달리는 이유는 과연 무엇일까? 중국은 이미 덩샤오핑 집권 이래 이데올로기에 의한 사회주의 일변도 외교정책에서 벗어났고, 한국 또한 현재 대미 일변도에서 벗어나기 위한 환골탈퇴의 시기를 맞이하고 있는데도 말이다.

이 물음표에 대해서는 다음과 같은 분석이 가능하다.

먼저, 일본의 역대 수상 가운데 친미 성향이 가장 강한 고이즈미 총리 자신의 대미관(對美觀)에서 그 원인을 찾을 수 있다. 그는 원래 문화적으로 친미 성향이 강하고, 또 외교적으로도 열렬한 미·일 안보 지지자이다. 다시 말해서 일본 사회의 서구 동경·아시아 경시 현상의 전형적인 인물인 그로서는 아시아에 대해 별 관심을 갖지 않는 것이 이상한 일도 아니다. 그런 그가 총리 취임 후 최초로 직면한 외교적 고난이 바로 야스쿠니 신사 참배에 대한 아시아 주변국들의 비난이다. 그와 아시아에 대한 인연은 이후 더욱 멀어지게 된 것으로 전해진다.

그 다음으로, 일본이 지닌 한국과 중국 등에 대한 역사 문제를 들 수 있다. 일본은 이들 국가에 대한 원죄적 부담감 때문에 아시아를 더욱 멀리하고 또 경계하며, 그 반동으로 미국에게 더 들러붙게 된다. 즉, 역사 문제로 인해 일본은 아시아 국가들과 껄끄러운 관계를 지니고, 중국이나 한국 등이 강대해질수록 그 원죄에 대한 부담감으로 인해 자신의 보호처를 찾게 되는데 그곳이 바로 미국인 것이다.

마지막으로, 미국 자신의 일본에 대한 유혹과 이를 통한 일본의 군사력 강화 기도를 들 수 있다. 이는 일본의 전통적인 시류 영합적 대세 편승술을 잘 아는 미국과, 이를 통해 국방력 강화를 획책하는 일본의 국익이 교묘히 조화를 이루는 부분이기도 하다. 일본의 전통적인 외교 패턴을 보면 미국이 지금과 같은 대일 외교 전략을 마음 놓고 전개하기란 쉽지 않다.

독일의 학자 하우스호퍼(K. Haushofer)는 일본 외교를 '유도(柔道) 외교'라고 정의한다. 최강대국의 힘을 교묘히 이용하여 이리저리 태도를 바꿔가며 단기적으로 자국의 이익 극대화를 꾀한다는 일본 외교는 언제든지 미국 외의 새로운 패권국에게 다가갈 수 있기 때문이다. 실제로 일본은 미국에 대해서도 이미 이러한 선례를 갖고 있다. 미국과 영국 등의 도움으로 메이지 유신 등 근대화를 달성하고, 또 청일·러일 전쟁에서도 승리할 수 있었던 일본, 그런 일본이 제2차 세계대전 때는 미국을 상대로 싸우지 않았던가?

이런 관점에서 볼 때 지금과 같은 일본의 대미 일변도 외교는 언제 어떤 식으로 돌변하여 미국에 대해 다시 적대적 태도를 취할지 모르는 일이다. 현재 맹렬한 속도로 부상 중인 중국을 바라보면 일본이 어느 순간 중국 쪽으로 급변할 수도 있고, 그렇게 되면 미국의 타격은 걷잡을 수 없게 된다. 바로 이 같은 사태를 방지하기 위해 미국은 일본이 필요로 하는 헌법 개정과 일본의 군사력 강화까지도 용인하며 자신들 쪽에 잘 붙잡아 놓으려는 것이다. 일본 역시 이를 계기로 숙원인 헌법 개정과 자위대 강화 등을 통한 정치·군사 강대국으로의 길을 재

촉할 수 있다. 위에서 언급한 이유 등으로 미국과 일본 간의 밀월 관계는 충격적인 돌발 변수가 없는 한 상당 기간 지속될 것으로 보인다. 따라서 이에 대한 대비로서 중국도 국방력 강화에 더욱 힘을 쏟게 될 것이다.

동남아시아 에서의 미국·중국·일본

중국의 등장과 미·일의 반격

"중국의 출현은 아세안 지역의 세력 균형에 도움이 될 것이다."라고 말레이시아의 국제전략문제연구소(ISIS)의 한 연구원은 단언하고 있다. 그는, 아세안(ASEAN : 1976년 인도네시아·말레이시아·필리핀·싱가포르·타이 5개국에 의해 결성된 지역협력기구. 브루나이·베트남·라오스·미얀마가 추가 가입했다)에서 중국이 아시아의 강자로 부상하는 것은 바람직한 현상이며, 중국을 통해 기존의 미국이라는 단일 패권국에 의한 강압 외교에 대한 견제와 힘의 균형을 가져다줄 수 있을 것으로 기대한다고 말한다. 같은 이유로 다른 아세안 국가들도 중국의 '출현'을 기대하고 있을 것이라고 덧붙인다.

이 점을 잘 알고 있기라도 하듯 아세안을 향한 중국의 외교 행보는 그 어느 때보다 적극적이다. 중국은 태국이나 말레이시아 등 이른바 '일본의 앞뜰'이라 불릴 만큼 일본 경제의 절대적 영향력하에 있었던 아세안의 선진국들에서조차 일본을 급속도로 밀어내고 있다. 실제로 중국과 아세안 10개 회원국의 2003년 교역 규모는 2002년보다 무려 42% 증가한 782억 달러에 이른다. 그런데 여기서 중국의 '대륙다운' 기질이 나타난다. 중국은 아세안과의 교역에서 164억 달러라는 무역 적자를 기록하면서도 별다른 반응을 보이지 않고 있다.

태국의 변호사 요(Yo)의 말을 인용하면, "조금씩 조금씩 감질나게 주는 일본"과는 달리 현재까지 중국은 대범한 태도를 유지한 채 아세안과 아주 훌륭한 파트너가 되고 있다. 중국의 이 같은 장기적 외교 전략에 힘입어 아세안 제국은 2004년 1분기만 해도 1분기 국내총생산(GDP) 증가율이 싱가포르가 7.5%, 말레이시아 7.6%, 태국과·베트남이 각각 7%대의 성장률을 보였으며, 상대적으로 경제력이 약한 필리핀(6.4%)과 인도네시아(4.5%)도 좋은 성적을 냈다. 이에 대해 영국의 이코노미스트지는 좋지 않은 여건에서도 동남아 경제가 의외로 잘 버텨내고 있다고 평가하면서 그 이면에는 중국에 대한 수출 급증이라는 주된 요인이 있다고 분석한다.

그뿐 아니라 중국은 경제적 선물 공세를 기반으로 한 역내 입지 다지기의 순항으로 동남아시아 우호협력조약(TAC)에 가입하는가 하면, 아세안 국가들과의 정례 안보 포럼도 제안 중이며, 라오스·캄보디아 등과 같은 아세안의 후발 국가 추스르기에도 정성을 들이고 있다. 국제사회에서 따돌림당하는 미얀마에 대한 배려도 잊지 않아 2002년 12월에는 장쩌민 군사위원회 주석이 미얀마를 방문하여 레이더 등 첨단 무기 및 2억 달러의 차관을 제공하는 한편, 미얀마 군사정부의 핵심 장성들을 잇달아 북경으로 초청하는 제스처를 연출하기도 했다. 중국의 전통 맹방 북한의 김정일 국방위원장이 2004년 중국을 방문했을 때도 같은 시기에 방중한 캄보디아의 훈센 총리를 더할 나위 없이 융숭하게 대접하는 등 역내에서의 중국 위상 다지기에 힘을 쏟고 있다.

이렇게 정성을 다하는 중국에 대해 아세안 사무총장 특보 테르무사크가 "중국은 아세안의 전략적 파트너"라며 중국을 한껏 치켜세우는 것도 이상한 일은 아니다. 이 같은 중국의 만만디 전략은, 2003년 11월 태국에서 실시된 '우방국 설문 조사'에서 응답자의 76%가 '제1의 우방'으로 중국을 꼽고 있다는 점 등을 볼 때 이미 그 효과가 충분히 나타나고 있다고 할 수 있다.

"중국은 미국의 영향력을 못 따라간다"

"중국이 아세안과 자유무역협정(FTA) 체결 교섭을 시작한 것은 일본을 자극하기 위한 것이기도 하다."

이상은 2002년 12월 일본의 경제산업연구소가 도쿄에서 개최한 세미나에 강사로 참가한 중국 국무원 발전연구센터 대외경제부 부부장의 말이다. 한·중·일 3국 간의 FTA 협상에 지지부진한 태도를 취하고 있는 일본에 대해 일격을 날리는 동시에 아세안에서의 중국의 자신감을 나타내는 말이기도 하다.

실제로 중국의 경제력 향상을 기반으로 한 아세안 지역에서의 위상 강화는 일본은 말할 것도 없고 미국까지도 긴장시키고 있다. 아세안이 중국을 전략적 파트너로 인식하고 미국에 맞서는 '유일한' 아시아 대국으로 중국을 바라보게 되자, 아시아 대국으로서의 제 역할을 못한다는 비난을 받아오던 일본은 엔 차관의 대폭적인 증가 또는 무상공여를 앞세워 역내에서의 위상 지키기에 안간힘을 쓰기에 이른다. 하지만 중국과의 한판 대결에서 이미 자국만으로는 역부족임을 충분히 깨달은 일본은 아세안 역내에서의 미국 편들기와 이를 통한 미·일 협력으로 입지 탈환을 노리게 된다. 일본의 이와 같은 급박감은 한 국내 일간지에 실린 싱가포르 주재 일본 대사 마키타의 다음과 같은 인터뷰 기사에서 잘 베어나고 있다. 일본의 전권대사인 그는 마치 미국의 전권대사인 양 미국을 대변하고 있는 듯하다.

동남아에서 중국은 미국의 영향력을 추월할 수 없다. 동남아에서 중국의 영향력이 강해지고 있지만 어디까지나 '뉴 플레이어'일 뿐이지 오랜 세월 동남아를 좌지우지해 온 미국을 밀어내기에는 역부족이고, 미국의 막강한 영향력은 앞으로도 수십 년간 지속될 것이다.

한편 동남아에서의 향후 일본의 역할에 대한 질문에서도 그는 "일본의 힘은 아직 녹슬지 않았다. 동남아에서 중국의 영향력이 팽창하더라도 일본의 그것도 줄어들지는 않을 것이다. 무역·투자·경제 원조 등 각 분야에서 지난 10년간 일본이 동남아에 얼마나 기여해 왔는지 살펴보라. 1997년 아시아 금융 위기 당시 태국과 인도네시아를 가장 많이 도운 국가는 일본이다."라고 밝힌다. 일본의 향후 역할에 대한 질문에 과거 치적으로밖에 대신하지 못하는 일본의 동남아 지역 베테랑 외교관의 소회 속에서도 일본의 역내 지위 변화와 다급함이 잘 드러나고 있다.

그렇다면 동남아 지역에서의 중국의 독보적인 행보에 대한 미국의 반응은 어떠한가? 미국 연방의회의 초당적 자문 기구인 미중경제안보재검토위원회(UCESRC)는 보고서에서 2004년 6월 "동남아 지역에서 미국의 영향력과 사활적인 장기적 이익이 중국의 역동적인 경제 외교 공세에 심각한 도전을 받고 있다."고 지적하면서, 동남아 지역에서의 중국의 독보적 행보와 이에 따른 미국의 영향력 감퇴에 대한 미국의 대(對)아시아 정책의 전면 개편을 촉구하고 나선다.

이어서 동 보고서는, 중국은 홍콩·대만·일본·한국·동남아 등 아시아의 파트너들에게서 자본을 제공받고 내수 시장을 개

방함으로써 이들 국가와 경제적 관계를 강화하는 식으로 이 지역에 대한 정치적 영향력을 늘려가고 있다고 분석한다. 또한 중국은 적극적이고 정교한 '윈-윈 전략'을 추진하여 평화 애호국으로서의 이미지를 굳히는 데 성공했으며, "중국의 이와 같은 평화 공세는 이미 아시아 지역에서 일본을 밀어내고 미국에게 심각한 도전이 되고 있다."며 미국 정부에 대한 경각심을 촉구하고 있다.

이와 같이 중국은 동남아 지역에서도 파죽지세로 기존의 국제 역학 관계를 재편하는 중이다.

미국을 떨쳐 보낸다?!

저명한 정치경제학자 제프리 삭스 미국 컬럼비아대학 교수는 금세기 내에 중국 경제가 미국 경제와 대등해질 것이며, 이는 곧 양국 간의 전쟁으로 비화될 수 있다는 충격적인 전망을 내놓았다. 그에 의하면, 패권국들은 새로이 부상하는 패권 후보국에 대한 수용에 익숙하지 않다면서 유일 패권국인 미국은 현재 패권 후보국 중국의 부상에 심기가 곱지 않아 분쟁으로 이어질 수 있어 우려된다는 것이다. 그런데 이와 같은 그의 언급은 그 타당성 여부를 떠나 이러한 말이 나왔다는 자체가 유일 패권국인 미국 주도의 국제 질서에 변화가 초래되고 있음을 반증하는 것이라 할 수 있다. 실제로 파이낸셜타임스는 2004년 4월 「세계 경제의 미래는 중국이 지배하는 아시아에」

라는 특집 기사에서 "유럽은 과거요 미국은 현재이지만 세계 경제의 미래는 중국이 지배하는 아시아가 될 것"으로 예측하고 있다. 동 기사는 아시아의 선발 주자인 일본은 세계를 변화시키기에는 경제 규모도 부족하고 또 내부 지향적이라는 한계가 있지만, 엄청난 인구와 자원을 보유한 중국의 부상은 전체의 틀을 달리할 것이라고 밝히고 있다.

또한 미국의 존스홉킨스대 외교학과 교수 즈비그뉴 브레진스키는 최근의 저서 『제국의 선택 : 지배인가 리더십인가』에서 미국이라는 패권국의 오만한 지배 전략을 비난하고 있다. 그는 헤게모니를 행사하는 미국의 일방적 방식을 우려하며, 부시 행정부의 일방주의 노선은 국제적 동의에 기초한 리더십의 발휘가 아니라 물리력에 기초한 독단적 지배에 의존하고 있다며 맹비난하고 있다.

이상에서도 볼 수 있듯이 미국의 리더십은 현재 전 세계에서 비난과 도전을 받고 있다. 바로 이 같은 사실을 근거로 팍스 아메리카나(Pax Americana : 미국이 주도하는 세계 평화)의 종료와 새로운 시대의 도래를 분석하는 시각도 등장하고 있다. 하지만 여기서 우리는 냉정해야 한다. 미국이 스스로의 오만과 부도덕으로 곤경에 처하고 있는 것은 사실이지만 미국의 경제적·군사적 파워에 도전할 국가는 아직 없기 때문이다. 미국 역시 '영원한 건 없다'라는 역사 발전의 법칙으로도 알 수 있듯 반드시 퇴장 시기를 맞이할 것이다. 그러나 동시에 우리는 브레진스키 교수의 "현재와 같은 국제 정세에 비추어 볼 때 미국의 패권은 적어도 향후 20년간은 이어질 것"이라는 전망, 세계적인 증권사 골드만삭스의 "중국 경제가 미국을 제칠 시기는 빨라도 2040년 이후"라는 전망을 상기할 필요가 있다.

지난 반세기 동안 한국은 대미 일변도 외교정책을 취함으로써 많은 득실이 있었다. 하지만 감정은 금물이다. 우리는 모든 제반 사정을 냉정히 고려하여 미국이라는 제국과 맥을 같이함으로써 부산되는 '종속의 심화'와 반미 노선을 취함으로써 직면할지 모르는 '생존의 험로'에 대해서도 다각적으로 분석해야 한다. 그 속에서 우리가 취해야 할 현실적인 전략을 수립해 나가야 한다.

중국이 오고 있다!?

21세기 초반의 역사를 그려나가는 오늘날, 국제 정치에 대해서나 한국의 외교 안보 측면에 대해서나 중국의 영향력은 나날이 커지고 있다. 북한 핵 문제를 다루는 데 있어서도 이제 중국 없이는 해결이 불투명한 상태이다. 물론 북한 핵에 대한 중국의 이니셔티브는 한국 정부 스스로가 초래한 결과이지만 말이다. 미국의 횡포에 지친 나머지 미국에 대한 대안 세력으로 중국이 등장하게 된 것이나 다름없기 때문이다. 그런데 이 한 가지 사실만 해도 현재 한국 사회에서 일고 있는 대국관계에 대한 변화의 흐름을 잘 보여 주는 것이라 할 수 있다. 이렇듯 한국 정부는 현재 반세기만에 커다란 실험을 전개하고 있는데, 물론 그 실험 결과는 아직 누구도 장담할 수 없다.

확실히 중국은 도전이자 기회의 나라이다. 우리는 정치·외교적으로도 중국을 잘 활용하여 한반도 안정을 견고히 하는 동시에 경제적으로도 중국을 잘 활용하여 새 활로를 개척해나가야 한다. 그런데 이와 같은 명분은 잘 이해되지만 2004년 새로이 구성된 한국 정계는 중국에 대해 너무 급격하게 다가가는 듯싶어 우려되지 않을 수 없다. 대중(對中) 접근을 통해 우리가 취할 수 있는 국익 등에 대한 단계적이고 체계적인 청사진이 보이지 않는다. 그렇지 않기를 바라지만 만에 하나 미국에 억눌린 감정에 의한 대안으로 중국을 맞이하는 면이 더 강하다면? 그와 같은 대중국 접근이 의도대로 되지 않는다면? 우리 스스로 국제 미아를 자초해선 안 될 것이다.

종속과 사대를 초월하여

물론 시대의 요청에 의한 바이지만 우리가 그동안 너무 미국에만 의존해 온 것은 사실이다. 그런데 마침 급변하는 국제 정세는 새로운 외교 전략을 요청하고 있어 이에 합당한 새로운 전략적 틀이 필요하게 되었다. 이 같은 상황하의 우리에게 현재의 일본이 시사하는 바는 적지 않다. 단적으로 말해서 일본처럼 변함없는 '대미 일변도'는 이미 리스크가 너무 크며, 또 일본의 전통적인 시류 편승적 외교 행태도 자칫하다가는 강대국들의 불신을 증폭시켜 돌이킬 수 없는 국제 미아가 될 수 있기 때문이다.

중국 중시는 필요하다. 하지만 당분간은 중국을 다자 외교의 한 축으로만 고려, 활용해야 할 것이다. 중국인 스스로도 우려하듯이 중국에는 아직도 너무나 많은 변수가 내재되어 있고, 이 변수들이 잘 검증되려면 적지 않은 시간이 필요하기 때문이다. 마찬가지로 중국도 만약 우리가 기존의 한·미 동맹의 틀을 과감하게 깨고 중국으로 급속히 다가가려 한다면 오히려 우리를 더욱 경계하게 될 것이다. 실제로 이는 동아시아 전문가인 중국인 진결화(陳潔華) 교수의 "그래서 만약 중국 외의 또 다른 대안이 나온다면 한국은 또 중국과의 관계를 깰 것이 아닌가?"라는 말로도 잘 알 수 있다.

마지막으로 국제 질서가 재편되려는 이 시점에서 우리가 간과해선 안 될 것이 또 하나 있다. 다름 아닌 떠오르는(rising) 중국도 지려(falling)하는 미국과의 관계를 중시하고 있다는 점이다. 이미 충분히 언급했듯이 중국과 미국 양측은 상호 보완 관계에 있으면서도 서로 딴죽을 걸기도 하는, 현 시점에서는 서로 필수 불가결한 상대라는 점을 잊어서는 안 된다.

이상을 냉정하게 고려, 이제 우리는 줄곧 우리 사회와 우리의 의식을 지배해 온 경직된 이분법적 사고에서 과감히 벗어나야 한다. 친(親)제국, 반(反)제국, 반미, 친중 등의 종속과 사대를 초월한 시각에서 현재를 살아가는 우리의 실정에 맞는 우리만의 외교 전략을 수립해야 한다.

한국의 까치외교

우리도 충분히 세계 최고가 될 수 있고, 해외에서도 우리 국민이 조국 대한민국에 대해 자긍심을 지니는 동시에 대한민국 국민임을 자부할 수 있도록 우리만의 신외교 전략이 필요하다. 그렇다면 한반도를 둘러싼 21세기 초의 변화하는 상황 속에서 한국이 지향해야 할 외교 전략에는 과연 어떤 것이 가장 합당할까? 이에 대해 필자의 개인적 견해를 피력해 보고자 한다. 독자들도 나름대로의 견해를 생각해 보길 바란다.

조류외교 전략

"'和平'不敵'有事'"

중국 CCTV 국제 채널의 간판 시사 분석 프로그램인 '今日

關注(Today's focus)'가 2004년 6월 일본 참의원에서 유사법안이 통과된 직후 내보낸 방송 타이틀이다. 의역하자면 "평화(헌법)는 유사(법제)에 맞설 수 없다."라는 말이다. 즉, 일본의 평화헌법은 이제 통과된 유사법제 앞에 무력화되게 되었다는 것이다. 그런데 프로그램 사회자의 걱정스런 질문에 게스트로 출현한 중국 사회과학원 소속 전문가 둘은 아주 차분한 태도로 면밀하게 일본의 동향을 분석했다. 마치 일본의 움직임을 '손바닥 안의 손오공' 바라보듯 파악하고는 언제라도 다각적인 대응이 가능하게끔 만반의 태세를 갖추고 있는 것처럼 보였다. 중국의 이런 자세는 필자로 하여금 일종의 전율마저 느끼게 하였다.

'대미 일변도 외교'와 '나비 외교'라는 큰 틀 안에서 분투하는 일본과 중국에 비해 아직 한국에는 이렇다 할 외교 전략이 부재한 듯하다. 이에 필자는, 한국은 '까치 외교'를 지향할 필요가 있다고 제안하고 싶다.

한국은 왜 까치라는 '조류(鳥類) 외교'를 지향해야 하는가? 결론부터 말하자면, 조류 외교 즉 새를 형상화한 외교야말로 한반도의 지정학적 위치를 고려할 때 가장 바람직한 모델이라고 생각되기 때문이다. 왼쪽 날개에는 중국·러시아와 같은 대륙 세력을, 오른쪽 날개에는 일본·미국과 같은 해양 세력을 가진 한반도 새는 양 날개의 힘과 크기가 적절한 균형과 조화를 이루어야 날아오를 수 있듯이 새의 몸체에 해당하는 위치의 우리 한반도에도 동일한 논리가 적용된다. 즉, 어느 한쪽 날개가 기형적으로 크고 강하거나(한 곳에 지나치게 의지하거나), 혹은 작거나 약하면(한 곳을 지나치게 경시하면) 균형이 깨져 비상할 수 없게 된다.

주지하다시피 반세기 전의 한반도 상황과 현재의 상황은 매우 다르다. 당시에는 중국이 사회주의 국가 체제로 전환하면서 전대미문의 혼란을 겪던 상황으로, 이데올로기의 서슬이 시퍼렇게 살아있던 시기였다. 그러한 상황에서 남북으로 분단되고 미국의 영향을 받게 된 한국으로서는 싫건 좋건, 원하건 원치 않건 미국 위주의 외교 전략을 추구하지 않을 수 없었다. 사실 당시에는 지금처럼 외교 전략의 방향을 놓고 토의할 대안조차 전무한, 오로지 오른쪽 날개(미국)만 생각하며 의존할 수밖에 없는 상황이었다.

그런데 지금의 상황은 어떤가? 단적인 예로 그동안 경시했던 왼쪽 날개의 한 축인 중국이 급속도로 부상하여, 그 결과 현재는 그동안 함께해 온 오른쪽 날개보다 이 왼쪽 날개를 더 중시하자는 소리마저 적지 않게 분출되고 있는 형편이다.

그렇지만 여기서 냉정히 생각해 볼 필요가 있다. 중국이 부상하고 있다지만 아직 중국에 대한 총체적 판단은 시기상조라고 여겨진다. 일본에서도 이와 비슷한 시각을 가지고 있어 "중국은 당분간 예의 주시할 필요가 있다."라는 평가가 필자가 들은 일본인 전문가들의 공통된 의견이다. 다시 말해 중국이라는, 아직 국제무대에서 냉정히 검증할 만한 행적조차 충분치 않은 '브라크 보크스'('블랙박스'의 일본어 발음)에 대해

성급히 다가서면 다칠 수 있다는 것이다. 위의 말 속에는 중국에게 급속히 접근하고 있는 한국에 대한 일본의 시각이 여실히 드러나기도 한다. 하지만 "이럴수록 전통 우방 미국과의 관계 강화에 더욱 치중해야 한다."라는 일본식 사고방식도 시대착오적이라 아니할 수 없다. 중국 학자의 지적처럼 "달걀을 한 바구니에 담는 위험한" 외교 노선이 될 수 있으며, 그리고 우리의 지정학적 요소를 고려한 기본 외교 전략과도 배치되기 때문이다.

이렇게 볼 때 우리가 지향해야 할 길은 명백해진다. 그동안의 오른쪽 날개 위주의 외교 전략은 이데올로기라는 전대미문의 특수한 상황 속에서 필요했던 특수한 임시 전략에 불과했다. 현재는 왼쪽 날개 역시 더 이상 이데올로기를 근거로 피아를 구분하고 있지 않다. 한쪽 날개에만 치중하게 했던 당시 상황은 시효 만료로 소멸되었으니, 이제 우리는 본래 우리에게 합당한 외교 전략으로 회귀해야 함이 마땅하다. 양쪽 날개에 균형 감각을 고루 잘 살리는 외교 전략, 미국이니 중국이니 하는 어느 한 축보다는 모두를 잘 아우르는 가운데 비상할 수 있는 신외교 전략, 즉 21세기 초반의 한반도를 둘러싼 주변 환경은 우리로 하여금 '조류 외교' 전략을 요구하고 있다.

한국의 까치외교 전략

최근 일본 니혼게이자이신문에서 중국인과 일본인 국제 업무 종사자 1천 명'을 대상으로 실시한 설문 조사 결과, 일본인은 향후 관계 강화가 필요한 국가로 중국(43.3%), 아세안(21.3%), 미국(19.4%) 등을 꼽고 있다. 한국은 1.9%로 인도(10.2%)와 러시아(2.8%)에도 뒤지는 추세였다. 한편 중국인들은 같은 질문에 미국(31%), 러시아(24%), 아세안(23%) 등의 순으로 꼽고 있는데, 여기서도 한국은 인도(9%)와 일본(4%)에도 뒤지는 3%에 불과했다. 실제로 외국에서는 삼성이나 현대, LG 등 한국 제품은 알아도 그 생산국인 한국에 대해서는 아직 잘 모르거나 관심이 매우 적은 것이 사실이다. 유감스럽지만 지구촌에서의 '대한민국'이란 국가의 현재 모습을 우리는 직시해야만 한다.

한편 한국 영화의 해외 수출이 2003년에 이어 2004년에도 급증하여 올 상반기 수출 계약이 이미 작년 한 해 실적을 초과했으며 수출 시장도 다변화되고 있다. 그뿐 아니라 해외에서의 한류 열풍 또한 나날이 뜨거워지고 있다. 일례로 2004년 7월 거대한 붉은 별이 높다란 천장 위에 새겨진 중국 베이징의 인민대회당에서 한류가 그 열기를 한껏 발산한 바도 있다. 이는 엄격한 질서 유지로 유명한 인민대회당의 종래 관행으로 볼 때 극히 이례적인 것이다. 실제로 인민대회당은 과거 클래식 음악 공연은 허용했으나 외국의 대중예술을 허용한 것은 이번이 처음이다. 본 공연에는 중국 국영 CCTV와 인민일보 등 중국 내 100여 개 언론 매체가 현장 취재에 열을 올렸는데, 필자는 이 행사를 통해 한국 대중음악이나 패션쇼뿐 아니라

고전무용, 현대 재즈 음악 등 더욱 다양한 장르가 한류 문화로서 전 세계에 확산될 수 있다는 가능성을 읽었다.

한편 일본에서도 한류 드라마의 선전으로 일본 열도에 불어 닥친 한류 열풍이 한국어 강좌, 한국 문화 학습 등으로 이어지고 있다. 7월의 민단신문에 따르면 재일본 대한민국민단(민단) 중앙본부를 비롯하여 각 지방 소재 민단에서 개최하고 있는 한국어 강좌는 정원 초과요, 한국 문화에 대한 수강 문의도 끊이질 않는다고 한다. 시즈오카 현 지부의 한 사무부장은 "수강생의 증가로 야간 강좌도 개설했으며, 한국어 강사가 부족할 정도로 현장에서 느끼는 한류 열풍은 대단하다."고 전한다. 이 같은 '한류'는 한국에 대한 인식을 높이는 데 상당한 기여를 하고 있다. 그런데 필자에게는 위의 두 가지 상반된 사실이야말로 우리에게 까치 외교의 수립과 그 추진을 요청하는 것이 아닌가 생각된다.

앞서 밝힌 '조류 외교'는 까치 외교 구상의 전제이자 1단계 전술이다. 즉, 현행과 같은 특정국 일변도의 외교 전략을 조류 외교라는 큰 틀 안에서 수정하여 체계화시킨 뒤, 이를 바탕으로 한반도 이해당사국들과 균형 잡힌 관계를 추진하여 국가의 안녕을 도모시켜 나가자는 것이다.

그렇다면 조류 외교와 동시에 추진해야 하는 2단계 전술인 '까치 외교'에 대해 살펴보자. 왜 꼭 까치여야 하는가? 우선 주변국들의 외교를 조류에 비유해 보자.

미국 외교는 매 혹은 독수리에 비유할 수 있다. 매나 독수리는 그 출현과 더불어 주변으로부터 온갖 경계와 우려를 불러일으키는 난폭한 새다.

일본은 타조에 비유되지 않을까 싶다. 창공(정치 분야)을 난다는, 즉 최대의 정치 강국이 된다는 것은 제반 사정상 여의치 않아 2인자의 입장에 만족하지만 대신 지상(경제 분야)에서만큼은 조류 가운데 가장 막강한 힘(최대의 경제 대국)을 견지하려는 반쪽짜리 새다.

그렇다면 국제사회에 급부상 중인 중국은 그야말로 새 중의 새인 시조새가 될지, 아니면 크고 화려하지만 유약한 공작이 될지 그 성격 규정은 아직 시기상조인 듯싶다.

이에 비해 한국의 까치는 우리 민족이 지닌 이미지 그대로이다. 까치란 나타나기만 해도 반갑고 왠지 좋은 일을 예감하며 가슴 설레게 하는 길조의 이미지를 갖고 있다. 바로 이러한 까치의 이미지를 한국의 이미지로 심어 나가자는 것이 까치 외교의 핵심이다.

국제정치학자 한스 모겐소의 국가 역량 요소에 비추어 보면, 유감스럽게도 한국이 세계 최대의 정치·군사 강대국이 되기에는 무리가 따르지 않나 생각된다. 그러나 우리도 경제·문화·예술·민간 활동 등 여러 분야에서 '세계 최고'가 될 수 있다. 그러기 위해서는 온통 '정치 외교' 분야에만 치중하다시피 하는 현행과 같은 외교 행태를 과감히 수정하고, 상대적으로 덜 중시되어 왔던 '민간 경제활동 지원', '문화 예술 지원', '민간 봉사활동 지원' 등 여러 분야를 적극 활성화시켜야 한다. 그렇다고 정계나 외교 관계 기관이 주도권을 잡으려 해서는 안 된다. 이미 고군분투 중인 각 민간 활동 주체들이 스스로 부문별 종목별로 세계 일류를 지속적으로 개발하여 우리만의 '매력'을 전파시킬 수 있도록 최대한의 외교 역량을 지원해 나가야 한다. 이러한 까치 외교를 통해 전 세계인들이 한국 제품을 반기고 한국의 다양한 문화 예술에 심취하도록 만들자는 것이다. 더 나아가 새로 나오게 될 한국 제품과 문화 예술의 기대로 그들의 가슴을 설레게 만들자는 것이다. 아울러 그렇게 해서 거두어들인 부(富)의 일정 부분을 다시 필요로 하는 전 세계 구석구석에 고루 환원함으로써 국제사회에서 '대한민국' 하면 기쁨과 동경의 이미지로, 더 나아가 '도덕적 리더십'이라는 존경의 이미지로도 인식하게끔 외교 전략을 추진해 나가는 것은 어떨까. 오랫동안 여러 나라에서 생활하며 한국을 다각적으로 바라보며 생각하고 있는 필자는 이에 대한 체계적인 틀을 세워 지속적으로 실천해 나간다면 충분히 가능할 것이라 확신한다.

세계 최고의 정치·경제 대국인 미국과 일본의 국민들, 하지만 그들은 '미국인'이라는 이유만으로 신변 위협을 느껴야 하고(미 국무부도 이를 심각히 고려하여 해외여행 중인 미국인들에게 가능한 '미국인 티'를 내지 말도록 권고하고 있다), 과거 문제조차 청산하지 않는 '일본의 국민'이라는 이유만으로 이중적인 대접을 받고 있지 않은가.

물론 우리는 해외에서 아직 인지도도 떨어지는 데다 6·25,

남북 대립, 과격 시위, 인색한 나라, 이기적인 나라 등등 어두운 이미지도 가지고 있는 것이 사실이다. 하지만 그것이 우리의 현실이다. 이와 같은 이유에서도 필자는 이러한 이미지를 까치 외교를 통해 비록 정치·경제적인 면에서는 미국이나 일본에 뒤떨어진다 하더라도 적어도 해외에 나간 우리 국민이 어디서나 한국인임을 당당하게 밝히고 환영받을 수 있도록 '국민을 위한' 외교 전략을 추진해 나가자고 제언하는 것이다. 이는 국민을 위해 존재해야 하는 국가의 기본적인 존재의의에도 부합하는 것이 아닌가.

정리하자면 정계나 외교 관계 기관은 월드컵 4강의 '위상'이니 경제 11위의 '국력'이니 하며 온통 자화자찬으로 선량한 국민들을 호도하고 또 직무 유기에 혈세만 낭비하지 말고 더 늦기 전에 21세기 한반도를 위한 체계적인 외교 전략을 수립해 추진해 나가야 한다. 이에 필자의 까치 외교를 참고하기를 제안한다.

다시 요약하자면, 까치 외교란 그 전제인 조류 외교의 추진으로 한반도 이해 당사국들과 균형 잡힌 외교 관계를 수립하고, 이를 통해 국가 안보를 확고히 다져 나가는 동시에, 외교 역량을 경제·문화·민간 등 비정치·비군사적 분야로도 적극적으로 다각화시켜, 이를 통해 우리 제품과 우리의 문화 그리고 우리나라 사람들이 한국이란 이름만으로도 국제사회에서 환영을 받고, 더 나아가 도덕적 리더십으로도 존경받는 한국민이 되기 위한 외교 전략을 의미한다.

아직 많은 부분에서 미숙한 점이 적지 않지만 까치 외교 발상은 주로 외국에서 나의 조국 한국을 바라보면서 비롯된 것이다. 10여 년간 미국, 일본, 중국 등 여러 나라에서 체류하면서 한국에 대해 보고, 듣고, 대화하고, 고민하는 가운데 해외에서 우리 국민이 한국인으로서 더 큰 자긍심을 가지고 활약할 수 있도록 실현 가능한 방향을 모색하는 가운데 싹튼 것이다. 다소 이상적으로 비춰질 수도 있지만 하려고만 한다면 충분히 가능하리라 생각된다. 이제 우리는 '까치 외교'를 통해 달라진 국제 상황, 달라진 우리에 대한 국가적 지명도에 걸맞은 국제사회에서의 '노블레스 오블리주'를 함양하기 위해 노력했으면 한다. 그리하여 적어도 이러한 베풂과 상생의 이미지만큼은 세계 일류가 되었으면 하는 바람이다. 국가 이미지가 곧 경쟁력이기 때문이다.

참고문헌

Tyler Cowen, *Creative Destruction:How Globalization is Changing the World's Culture*, Princeton University Press, 2002.

富森嬰児, 『素顔の宰相』, 朝日ソノラマ, 2000.

總務省統計局, 『日本の統計』, 国立印刷局, 2004.

段玉彩, 「論前後日本東亞區域合作政策及走勢」, 載 『東北亞論壇』, 2004年 第1期.

朱辺野, 「促進合作擁護和平實現共榮」, 載 『東北亞論壇』, 2004年 第2期.

江西元, 「朝鮮問題与東北亞安全合作構架前景」, 載 『東北亞論壇』, 2004年 第3期.

牛軍, 『從延安起向世界—中國共産黨對外關係的起源』, 福建人 民出版社, 1992年版.

미·중·일 새로운 패권전략

| 펴낸날 | 초판 1쇄 2004년 10월 30일 |
| | 초판 3쇄 2015년 11월 17일 |

지은이	우수근
펴낸이	심만수
펴낸곳	(주)살림출판사
출판등록	1989년 11월 1일 제9-210호

주소	경기도 파주시 광인사길 30
전화	031-955-1350 팩스 031-624-1356
기획·편집	031-955-4671
홈페이지	http://www.sallimbooks.com
이메일	book@sallimbooks.com

| ISBN | 978-89-522-0303-8   04080 |

089 커피 이야기

eBook

김성윤(조선일보 기자)

커피는 일상을 영위하는 데 꼭 필요한 현대인의 생필품이 되어 버렸다. 중독성 있는 향, 마실수록 감미로운 쓴맛, 각성효과, 마음의 평화까지 제공하는 커피. 이 책에서 저자는 커피의 발견에 얽힌 이야기를 통해 그 기원을 설명한다. 커피의 문화사뿐만 아니라 커피에 대한 일반적인 정보 및 오해에 대해서도 쉽고 재미있게 소개한다.

021 색채의 상징, 색채의 심리

박영수(테마역사문화연구원 원장)

색채의 상징을 과학적으로 설명한 책. 색채의 이면에 숨어 있는 과학적 원리를 깨우쳐 주고 색채가 인간의 심리에 어떤 작용을 하는지를 여러 가지 분야의 사례를 통해 설명한다. 저자는 색에는 나름대로의 독특한 상징이 숨어 있으며, 성격에 따라 선호하는 색채도 다르다고 말한다.

001 미국의 좌파와 우파

eBook

이주영(건국대 사학과 명예교수)

진보와 보수 세력의 변천사를 통해 미국의 정치와 사회 그리고 문화가 어떻게 형성되고 변해왔는지를 추적한 책. 건국 초기의 자유방임주의가 경제위기의 상황에서 진보-좌파 세력의 득세로 이어진 과정, 민주당과 공화당의 대립과 갈등, '제2의 미국혁명'으로 일컬어지는 극우파의 성장 배경 등이 자연스럽게 서술된다.

002 미국의 정체성 10가지 코드로 미국을 말하다

eBook

김형인(한국외대 연구교수)

개인주의, 자유의 예찬, 평등주의, 법치주의, 다문화주의, 청교도 정신, 개척 정신, 실용주의, 과학 · 기술에 대한 신뢰, 미래지향성과 직설적 표현 등 10가지 코드를 통해 미국인의 정체성과 신념을 추적한 책. 미국인의 가치관과 정신이 어떠한 과정을 통해서 형성되고 변천되어 왔는지를 보여 준다.

058 중국의 문화코드

강진석(한국외대 연구교수)

중국의 핵심적인 문화코드를 통해 중국인의 과거와 현재, 문명의 형성 배경과 다양한 문화 양상을 조명한 책. 이 책은 중국인의 대표적인 기질이 어떠한 역사적 맥락에서 형성되었는지 주목한다. 또한, 구체적이고 실제적인 여러 사물과 사례를 중심으로 중국인의 사유방식에 대해 설명해 주고 있다.

057 중국의 정체성

eBook

강준영(한국외대 중국어과 교수)

중국, 중국인을 우리는 과연 어떻게 이해해야 하나? 우리 겨레의 역사와 직·간접적으로 끊임없이 영향을 주고받은 중국, 그러면서도 아직까지 그들의 속내를 자신 있게 말할 수 없는, 한편으로는 신비스럽고, 한편으로는 종잡을 수 없는 중국인에 대한 정체성을 명쾌하게 정리한 책.

015 오리엔탈리즘의 역사

eBook

정진농(부산대 영문과 교수)

동양인에 대한 서양인의 오만한 사고와 의식에 준엄한 항의를 했던 에드워드 사이드의 오리엔탈리즘. 이 책은 에드워드 사이드의 이론 해설에 머무르지 않고 진정한 오리엔탈리즘의 출발점과 그 과정, 그리고 현재와 미래의 조망까지 아우른다. 또한 오리엔탈리즘이 사이드가 발굴해 낸 새로운 개념이 결코 아님을 역설한다.

186 일본의 정체성

eBook

김필동(세명대 일어일문학과 교수)

일본인의 의식세계와 오늘의 일본을 만든 정신과 문화 등을 소개한 책. 일본인을 지배하는 이데올로기는 무엇이고 어떤 특징을 가지는지, 일본을 주목해야 하는 이유는 무엇인지 등이 서술된다. 일본인 행동양식의 특징과 토착적인 사상, 일본사회의 문화적 전통의 실체에 대한 분석을 통해 일본의 정체성을 체계적으로 살펴보고 있다.

261 노블레스 오블리주 세상을 비추는 기부의 역사

예종석(한양대 경영학과 교수)

프랑스어로 '높은 사회적 신분에 상응하는 도덕적 의무'를 뜻하는 노블레스 오블리주. 고대 그리스부터 현대까지 이어지고 있는 노블레스 오블리주의 역사 및 미국과 우리나라의 기부 문화를 살펴보고, 새로운 시대정신으로 노블레스 오블리주를 부활시킬 수 있는 가능성을 모색해 본다.

396 치명적인 금융위기, 왜 유독 대한민국인가 `eBook`

오형규(한국경제신문 논설위원)

이 책은 전 세계적인 금융 리스크의 증가 현상을 살펴보는 동시에 유달리 위기에 취약한 대한민국 경제의 문제를 진단한다. 금융안정망 구축 방안과 같은 실용적인 경제정책에서부터 개개인이 기억해야 할 대비법까지 제시해 주는 이 책을 통해 현대사회의 뉴노멀이 되어 버린 금융위기에서 살아남는 방법을 확인해 보자.

400 불안사회 대한민국, 복지가 해답인가 `eBook`

신광영 (중앙대 사회학과 교수)

대한민국 사회의 미래를 위해서 복지는 선택이 아니라 필수라고 말하는 책. 이를 위해 경제 위기, 사회해체, 저출산 고령화, 공동체 붕괴 등 불안사회 대한민국이 안고 있는 수많은 리스크를 진단한다. 저자는 사회적 위험에 대응하기 위한 복지 제도야말로 국민 모두의 삶의 질을 높일 수 있는 길이라는 것을 역설한다.

380 기후변화 이야기 `eBook`

이유진(녹색연합 기후에너지 정책위원)

이 책은 기후변화라는 위기의 시대를 살면서 우리가 알아야 할 기본지식을 소개한다. 저자는 기후변화와 관련된 핵심 쟁점들을 모두 정리하는 동시에 우리가 행동해야 할 실천적인 대안을 제시한다. 이를 통해 독자들은 기후변화 시대를 사는 우리가 무엇을 해야 할 것인지에 대하여 생각해 볼 수 있을 것이다.

사회 · 문화

eBook 표시가 되어있는 도서는 전자책으로 구매가 가능합니다.

(주)살림출판사
www.sallimbooks.com
주소 경기도 파주시 문발동 522-1 | 전화 031-955-1350 | 팩스 031-955-1355